# ATLAS DER SPIRITUELLEN ORTE

# ATLAS DER SPIRITUELLEN ORTE

## EINE REISE ZU MYTHISCHEN KRAFTPLÄTZEN UND RELIGIÖSEN PILGERSTÄTTEN

SARAH BAXTER

ILLUSTRATIONEN VON
HARRY & ZANNA GOLDHAWK

AUS DEM ENGLISCHEN VON BARBARA STERNTHAL

Brandstätter

SARAH BAXTER wuchs in Norfolk, England auf. Ihre Leidenschaft für das Reisen und großartige Landschaften führte sie quer durch Asien, Australien, Neuseeland und die USA, bevor sie darüber zu schreiben begann.

Mehr als zehn Jahre lang war sie Mitherausgeberin der Zeitschrift *Wanderlust*, der Bibel für jene Reisende, die gern ihre eigenen Wege gehen. Darüber hinaus hat sie für den *Guardian*, den *Telegraph* und den *Independent* geschrieben. Ihre Beiträge erschienen in zahlreichen *Lonley-Planet*-Reiseführern, und sie ist die Autorin von *A History of the World in 500 Walks* und *A History of the World in 500 Railway Journeys*.

HARRY & ZANNA GOLDHAWK sind sowohl Ehepaar als auch kreatives Team, dessen Illustrationen in ihrem schönen Cottage an der Küste Cornwalls entstehen. Neben der Gestaltung von Buchschmuck haben die beiden auch Papio Press gegründet, einen Online-Handel, über den sie ihre großartigen Prints und Geschenkartikel vertreiben.

BARBARA STERNTHAL, promovierte Theaterwissenschaftlerin, ist renommierte Sachbuchautorin und Übersetzerin. Ihre Themen sind so vielfältig wie das Leben selbst, beziehen sich in der Hauptsache jedoch auf Menschen, Reisen, Kunst und Kultur.

# INHALT

# EINLEITUNG

STILLSTEHEN. LAUSCHEN. Ja, jetzt ist man sich ganz sicher: Die Landschaft versucht zu sprechen. Hier, auf diesen mit merkwürdigen aufrecht stehenden Steinen übersäten Hügeln, weiß man einfach, dass man etwas hören kann. Jeder Grashalm trägt Leben in sich, die Büsche flüstern und der Wind wispert. Jeder Buckel, jeder Höcker, jeder Grat, jede Erhebung scheint hier mehr zu sein als bloße Erde. Es ist ein Gefühl, als würden Geister aus einer anderen Welt alles daransetzen, den Schleier zu durchbrechen, begierig, ihre Geschichte zu erzählen. Könnte man sich nur auf ihre Wellenlänge einstellen, könnte man nur hören, was diese Gespenster, die um diesen geheiligten Ort huschen, zu sagen versuchen …

Es gibt sie, diese Plätze, die direkt in die Seelen vorzudringen vermögen. Es reicht ihnen nicht, mit ihrer Schönheit oder ihren dramatischen Konturen die fünf Sinne der Betrachter zu verführen. Nein, es gelingt ihnen, sich Millimeter um Millimeter zu nähern, die Haut zu durchdringen und tief, ganz tief ins Innere zu sickern. Und unversehens ertappt man sich dabei, neue Fragen zu stellen – über sich selbst oder sogar den Sinn der menschlichen Existenz.

Vielleicht sind diese Orte weder schöner noch ungewöhnlicher oder monumentaler als eine ganze Reihe anderer sehenswerter Plätze, obwohl sie manchmal all dies zusammengenommen auch sind. Doch irgendwie haben sie mehr Kraft. Das ist der Grund, warum sie als heilig bezeichnet werden: Weil sie seit Jahrhunderten, vielleicht Jahrtausenden, dieses Konzentrat aus Glaube, Religion, Ritual, Wissen und Ahnung unserer Vorfahren in sich tragen. Es sind Orte, die vollgepackt sind mit dem Gewicht unendlich vieler Hoffnungen und Gebete.

Wer einen Kraftort, einen spirituell aufgeladenen Platz besucht, bewundert nicht einfach eine hübsche Laune der Geologie oder ein findiges Stück Architektur. Auch wenn der Eiffelturm überaus sehenswert ist, wird er wohl kaum jemandem transzendente Schauer über den Rücken jagen. Nein, wer einen Kraftort besucht, der fühlt und sieht auch die Geschichten hinter den Felsen, den Ziegeln, dem Lehm und dem Mörtel. Man kann die Ahnen, die dort standen, wo man jetzt selbst steht, heraufbeschwören und mit ihnen all ihre Träume und Ängste. Unabhängig davon, woran man glaubt oder nicht glaubt oder was man empfindet, man kann nicht verleugnen, dass diese heiligen Plätze den Hunderten, Tausenden, Millionen, die vorher hierherkamen, viel – wenn nicht sogar alles – bedeutet haben.

Die Geschichten in diesem Buch sind ein Guide zu einer Handvoll dieser Es-ist-mehr-als-man-sehen-kann-Orte – zu Plätzen, die durchtränkt sind von Magie, Geheimnis und einem Tropfen Göttlichkeit. Auch mithilfe seiner schönen Illustrationen unternimmt dieses Buch auf jeder Seite den Versuch, 25 solcher Orte rund um die Welt nicht nur zu beschreiben, sondern ihre Legenden zum Leben zu erwecken. Man kann das Buch durchblättern und ohne seinen Lehnsessel zu verlassen durch eine ganze Bandbreite verschiedener Religionen und Glaubensrichtungen reisen. Man kann von Kontinent zu Kontinent springen, über Ozeane fliegen, sich in Gebirge graben, Wüsten durchqueren und tief in das Herz urbanen Trubels eintauchen.

Spirituelle Orte zeichnen sich nicht durch typische Merkmale aus. Was sie verbindet, ist keine spezielle Struktur, sondern eine übergeordnete Symbolik. In Haiti beispielsweise pilgern die Anhänger eines seltsamen Konglomerats aus Katholizismus und Voodoo zu einem stufenförmigen Wasserfall im Dschungel, um dort ihre Gebete zu sprechen (Seite 126). Unterdessen verehren die Buddhisten eine von Menschen errichtete gestufte Pagode, die sich hoch in den Himmel erhebt und mit Gold überzogen ist (Seite 66). Natürlich und künstlich, Schönheit und Göttlichkeit in unterschiedlichen Formen, doch beide im selben Maß spirituell.

Mutter Natur hat zahlreiche bedeutende Kraft- und Wallfahrtsorte hervorgebracht. Tatsächlich strahlen manche ihrer Kreationen ein solches Übermaß an grundgelegter Energie aus, dass es den Menschen unmöglich war, dem zu widerstehen. Fabelhafte Mythologien haben sich rund um besondere Berge entwickelt. Es gibt Seen, von denen es heißt, sie hätten ganze Zivilisationen hervorgebracht, und es gibt Flüsse, die man für die Essenz des Lebens selbst hält.

Man sehe sich zum Beispiel Tibets Berg Kailash (Seite 80) an: ein königlicher Solitär, mächtig, grandios, ganz zu schweigen davon, dass dort einige der wichtigsten Flüsse Asiens entspringen. Wie hätte die Menschheit diesen furchteinflößenden Koloss von einem Felsen nicht mit überirdischer Bedeutung füllen können? Man muss weder Buddhist noch Jaina, Hindu oder Bön-Anhänger sein, um allein von seinen schieren Ausmaßen ergriffen zu sein. Doch Zeuge zu werden, wie die Adepten dieser Religionen ihre eigenen Vorstellungen des Kailash handhaben, sie angesichts dieses Berges knien, beten und weinen zu sehen, kann die eigenen emotionalen Reaktionen auf eine höhere Ebene heben.

In anderen Kapiteln dieses Buchs wird von Orten erzählt, die speziell für die Verehrung errichtet wurden. Über Äonen haben Menschen ungezählte Tempel, Gotteshäuser, Kirchen, Klöster, Moscheen, Schreine, Stupas, Synagogen, Pagoden und andere heilige Gebäude errichtet. Viele von ihnen befinden sich an Orten, wo sich die Welt etwas Göttlichem geöffnet hat, wo irgendetwas so Bedeutendes geschehen ist, dass man es für absolut notwendig hielt, diesen Ort zu markieren. Ein Beispiel dafür ist das französische Lourdes (Seite 38), das heute ein mächtiger Wallfahrtskomplex ist, der Jahr für Jahr von Millionen Gläubigen besucht wird. Hier gibt es zahlreiche Kapellen, heilige Bäder und Geschäfte, in denen Votivkerzen und Rosenkranzperlen angepriesen werden. Doch die längste Menschenschlange bildet sich vor einer kleinen, schlichten, wundertätigen Grotte, wo einem jungen Mädchen einst die Heilige Jungfrau erschienen ist. Letzten Endes geht es immer um den Ort, an dem der Mensch mit dem Göttlichen in Verbindung getreten ist.

Gleichgültig, in welchen Winkel der Welt man reist: Überall haben sich die Völker Jahrtausende hindurch ihre eigene Art von Heiligkeit geschaffen. Ob es die Ureinwohner der USA sind, die den Lebenssinn in den Great Plains zu begreifen versuchten, die Māori, die sich eine Mythologie schufen, die zum vulkanisch volatilen Neuseeland passte, oder die Inka, die sich ihre Götter ersonnen haben, um ihr mesoamerikanisches Reich zu managen: Die Menschen haben immer nach Geschichten und Systemen gesucht, die ihnen die Welt um sie herum erklärten. Reisen – entweder physisch oder mithilfe dieses Buches – ermöglichen es, die ganze wunderbare Palette an Unterschieden zwischen diesen Systemen ebenso zu erkennen wie ihre Ähnlichkeiten, die vor allem in dieser universellen Sehnsucht nach Ordnung und Erklärung bestehen.

Keine Frage, dass es noch viel mehr Orte gibt, die sich gut in dieses Buch gefügt hätten. Ein Kapitel beispielsweise hätte quer durch die Wüste zum iranischen Feuertempel von Pir-e-Sabz führen können, diesem zentralen Wallfahrtsort der Anhänger Zarathustras, der sich an einen zerklüfteten Felsen klammert und in dem eine ewige Flamme brennt. Ein anderes hätte sich durch die Savanne Tansanias zum merkwürdigen Gipfel des Ol Doinyo Lengai aufmachen können, ein schnaufender, prustender Vulkan, der eine seltsame Art Lava produziert und den die Massai als „Gottesberg" titulieren.

Es gibt so viele aufregende, fesselnde, faszinierende, mit Glauben vollgepackte Destinationen, die alle illustrieren, wie Menschen sämtlicher Zeitalter versucht haben, dem Leben und dem Planeten Sinn zu verleihen. So viele Geschichten, die sich noch erzählen ließen ...

| | |
|---|---|
| Was? | Mittelalterlicher christlicher Pilgerweg zum Grabmal des Apostels Jakobus |
| Wo? | Spanien (und weit darüber hinaus) |

# JAKOBSWEG

EINEN AUGENBLICK innehalten. Die fette galizische Erde zwischen den Fingern spüren – eine Erde, seit über eintausend Jahren ausgetreten von Pilgerfüßen. Könnte dieser Boden nur erzählen: von den Mönchen, den Armen, den Prinzen, den Büßern, den Verzweifelten, den Hippies, den Agnostikern. So viele, die alle meilenweit gewandert sind, um zur Grabstätte des heiligen Jakobus zu gelangen. Eine Pilgerreise, für die jeder seine eigenen Gründe hatte. Eine historische, eine spirituelle, eine gemeinsame, eine abenteuerliche Reise.

Die Geschichte des Jakobswegs ist so alt wie das Christentum selbst. Nach Christi Auferstehung wurde der Apostel Jakobus zum Oberhaupt der Kirche. Es heißt, er sei von Jerusalem nach Spanien gereist, um das Wort Christi zu verbreiten, bevor er ins Heilige Land zurückkehrte und den Märtyrertod starb. Jakobus' Leichnam kam angeblich mit einem Schiff ins nordwestliche Spanien, wo man ihn begrub. An welchem Ort, war bald vergessen.

Vergessen zumindest bis ins 9. Jahrhundert. Um 815 hatte ein Eremit namens Pelayo eine Vision, in der ein Ort im Wald auf dem Libredon-Berg hell erleuchtet war. Hier fand man eine Grabstätte aus römischer Zeit und darin den Leichnam des heiligen Jakobus. Eine Kirche wurde über dem Grab errichtet, und rundherum entstand die Stadt Santiago de Compostela, die innerhalb von 300 Jahren Europas bedeutendstes Pilgerziel wurde. Aus allen Winkeln des Kontinents kamen die *peregrinos* – Pilger – und suchten ihr Seelenheil. Wie ein Spinnennetz zogen sich die Wege von Jakobus' seligmachenden irdischen Überresten durch die Länder, wobei sich die Route von Frankreich Camino francés als populärste erwies. Ausgehend von Saint-Jean-Pied-de-Port am Nordhang der Pyrenäen verlief der Weg nach Santiago über 780 Kilometer.

Hatten die Pilger die Pyrenäen überwunden, wandten sie sich westwärts und zogen durch Navarra, Rioja und die endlose *meseta* (Hochplateau) Kastilien-Leóns, bevor sie schließlich jenseits der Cordillera Cantábrica in den grünen Tälern Galiziens ankamen. Nach Monaten auf Wanderschaft erreichten die Pilger das Grabmal des Apostels – von der Sonne verbrannt, vom Regen durchnässt, mit wunden Füßen, erschöpft und doch voller Glückseligkeit.

Die Kathedrale, die sich heute über der Grabstätte erhebt, ist ein angemessenes Finale. Nachdem man die ursprüngliche Kapelle 997 abgerissen hatte, begann man 1075 mit dem Kirchenbau. Noch heute ist die mittelalterliche Grundstruktur erkennbar, auch wenn mit der Zeit romanische, gotische und neoklassizistische Elemente dazukamen. Heute fühlt sich selbst der größte Skeptiker zutiefst berührt, wenn er auf der Plaza del Obradoiro vor der barocken Fassade mit ihrem Filigranschmuck und der Jakobus-Statue steht. Man betritt die Kathedrale durch den Pórtico de la Gloria, in dessen Torbogen Szenen aus dem Jüngsten Gericht geschnitzt sind. Christus thront im Zentrum, Jakobus befindet sich gleich darunter. Seit dem Mittelalter beten die Pilger, indem sie ihre Finger an den Baum unter dem heiligen Jakobus drücken, wovon die Vertiefungen zeugen.

Jakobus' Grabmal befindet sich unter dem Hauptaltar, dessen rechte Seite die Pilger umrunden, um dem Schrein des Apostels ihre Ehre zu erweisen. Täglich zu Mittag wird eine Pilgermesse gefeiert, die damit beginnt, dass der Priester die Namen all jener vorliest, die sich in den vergangenen 24 Stunden im Pilgerbüro gemeldet haben. Das ist jener Augenblick, von dem alle geträumt haben, auch wenn es darum eigentlich gar nicht geht.

Auch wenn der Jakobsweg ein definitives Ziel hat, so ist es doch die Pilgerreise selbst, um die sich alles dreht – um die Herausforderung, jeden Morgen wieder aufzustehen und weiterzugehen, um die Mahlzeiten, das Lachen und die Tränen, die man mit den anderen Pilgern teilt, wenn man sich abends in den Pilgerherbergen niederlässt. Es geht um diese einfachen, beglückenden Momente, wenn Mutter Natur etwas so Spektakuläres vorführt, dass man ohne jeden Zweifel an eine höhere Macht glaubt. Und es geht darum zu begreifen, dass das Ziel nicht das Ende der Reise ist. Denn die Pilger verlassen die Kathedrale durch das Südportal. Dort sehen sie ein Christusmonogramm, das jedoch verkehrt herum geschrieben ist. So wird das Ende zu einem Beginn. Und eine neue Reise nimmt ihren Anfang.

Santiago de Compostela
Sarria
O Cebreiro
Melide
Samos
Ponferrada
Astorga
Portugal

Frankreich
Saint-Jean-Pied-de-Port
Roncesvalles
Carrión de los Condes
Estella
Pamplona
Burgos
Puente la Reina
Santo Domingo de la Calzada
Logroño
Sahagun
Castrojeriz
Spanien

| | |
|---|---|
| Was? | Katholische Kathedrale in einer grandiosen Moschee, einer der schönsten Bauten der Welt |
| Wo? | Córdoba, Spanien |

## MEZQUITA

DER DUFT von Orangenblüten erfüllt die Luft mit einer Süße, die man fast schmecken kann – ein delikater Aperitif zu diesem Fest von einem Bauwerk. Jenseits des sonnendurchfluteten Vorhofs der Mezquita verschmelzen die Bäume mit einem von Menschen gemachten Wald: ein weitläufiger Hain aus Säulen und rot-weiß gestreiften Bögen, die sich bis in die Unendlichkeit zu erstrecken scheinen. Weder Fresken noch Grabmäler, noch himmelhohe Gewölbe lenken von der herrlichen Geometrie der Säulenreihen ab, die das durch die Fenster einfallende Licht durchkreuzen. Eine heitere, weiträumige Oase – architektonisch kühn und von schlichter Schönheit –, in der sich der Geist unbelastet Gedanken und Gebet hingeben kann.

*Mezquita* ist das spanische Wort für Moschee. Doch dieser beeindruckende Bau ist viel zu komplex, um in ein einziges Wort gefasst zu werden. Die Mezquita war vielen vieles und nicht zuletzt ein Beispiel multikonfessioneller Harmonie: Es gab eine Zeit, in der hier Muslime, Juden und Christen glücklich koexistierten.

Einen Sakralbau hatten hier bereits die Römer errichtet, und zwar einen Tempel, geweiht Janus, dem Gott der Anfänge und Durchgänge. Im 6. Jahrhundert stand hier die von den Westgoten gebaute Basilika des heiligen Vinzenz von Saragossa, deren Überreste im Untergeschoss der Mezquita noch zu sehen sind. Nach der islamischen Eroberung der Iberischen Halbinsel Anfang des 8. Jahrhunderts teilte man die Basilika in zwei Hälften, deren eine die Christen, deren andere die Muslime als Gotteshaus nutzten. 784 schließlich erwarb Emir Abd ar-Rahman I. das Ganze und begann mit der Errichtung einer grandiosen neuen Moschee – einem standesgemäßen Bau für eine der großartigsten Städte der mittelalterlichen Welt.

Das Meisterwerk ist in neunzehn kirchenschiffähnliche Bereiche unterteilt, die von einem hypnotisierenden Spalier aus rot-weiß gestreiften – rote Ziegel und weißer Stein – Hufeisenbögen strukturiert werden. Hunderte von Säulen aus Marmor, Onyx, Granit und Jaspis – manche aus anderen Bauten, manche ein Geschenk des byzantinischen Kaisers – tragen diese Bögen. Geschmückt wurde der Raum mit Elfenbein, Silber, Gold, Mosaiken und *azulejos*-Kacheln, was einen überwältigenden Effekt hat. Im Zuge späterer Erweiterungen kam unter anderem ein Minarett dazu und wurde der *Mihrab*, die Gebetsnische, von den talentiertesten Handwerkern ihrer Zeit ausgestaltet. Bis zum Ende des 10. Jahrhunderts war die Mezquita auf das nahezu Fünffache ihrer ursprünglichen Ausmaße angewachsen und wurde von 1200 Säulen (von denen rund 850 erhalten sind) getragen.

Alles änderte sich, als die christlichen Streitkräfte König Ferdinands III. die Stadt am 29. Juni 1236 von den Mauren zurückeroberten. Angeblich kamen die Muslime am frühen Morgen dieses Tages, um ihre Gebete zu sprechen, bevor am Nachmittag ein tragbarer Altar für die erste katholische Messe hereingerollt wurde. Aus der Moschee war eine Kathedrale geworden.

Der Christianisierungsprozess gestaltete sich langsam und undramatisch. Zumindest bis König Carlos I. – Kaiser Karl V. –, der die Mezquita nie zuvor gesehen hatte, die Erlaubnis zur Errichtung eines großen Altarraums (die heutige Capilla Mayor) und eines Chors im Herzen der Mezquita erteilte. Als Karl V. zur Einweihung erschien, war er angeblich entsetzt: „Ihr habt hier errichtet, was ihr überall hättet bauen können, aber ihr habt zerstört, was einzigartig in der Welt war." Es dauerte noch 250 Jahre, bis die gesamte Kathedrale fertiggestellt war. Das Ergebnis: eine Dissonanz aus gotischem Gewölbe, manieristischen Decken und einem üppigen spanischen Barock, der lautstark aus der stillen Schlichtheit der maurischen Gebetshalle hervorbricht. Man hat Kapellen hineingezwängt und das Minarett wurde zum Glockenturm umgewandelt.

Sonntags und an Feiertagen wird eine Messe in der Mezquita gefeiert, die heute offiziell Mezquita-Catedral de Córdoba heißt. Muslime dürfen hier nicht mehr beten. Doch ungeachtet dessen gehört das Gebäude weder der Kirche noch einer politischen Organisation oder einer Privatperson. Es gehört allen. Und alle Besucher, ob gläubig oder nicht, können sich von seiner Stille, seiner Schönheit, der Geschichte und der Beharrlichkeit dieses heiligen Ortes berühren lassen.

| | |
|---|---|
| Was? | Insel, von der aus ein in Ungnade gefallener Prinz ein ganzes Land zum Christentum bekehrte |
| Wo? | Innere Hebriden, Schottland, GB |

# IONA

ES IST *der* Ort, um mit dem Himmel zu sprechen. Blickt man von diesem fragilen grünen Flecken Erde in der aufgewühlten See in Richtung Westen, könnte man meinen, dass es nichts sonst gibt auf der Welt. Die Natur ist elementar: silbriger Sand, mächtige Brandung, ein paar Felsen und Schären, die mit dem endlosen Horizont verschmelzen. Der Himmel brummt und grollt, als wollte er eine Botschaft senden. Und das tut er auch: Regen. Unmengen. Eine Flut, die auf den Wellen spritzt und mit dem Wind tanzt. Sind es zornige Geister? Oder ist es bloß das schottische Wetter? Es sei, heißt es, nur ein zartes Gewebe, das auf Iona die Materie vom Spirituellen trennt. Also ist es vielleicht von beidem etwas.

Iona ist eine Insel am Rande der Welt. Sie liegt knapp vor der Insel Mull, die sich ihrerseits vor der Küste Schottlands befindet. Wer von hier aus westwärts segelt, landet in Kanada. Dabei wohnt diesem Vorposten, der bloß 9 Quadratkilometer misst, aber über 1,5 Millionen Jahre alt ist, eine rohe, ursprüngliche Kraft inne, die man kaum erwarten würde. Verständlich also, dass der schottische Poet William Sharp einmal festhielt, dass man, wolle man die Geschichte Ionas erzählen, bei Gott beginnen und enden müsse.

Ein heiliger Ort ist Iona seit Jahrhunderten. Einer ihrer alten gälischen Namen lautete Innis nan Drudhneach – Druideninsel –, und zwar wahrscheinlich deshalb, weil sich die englischen Druiden auf der Flucht vor der römischen Invasion hier niederließen. Und dann, A. D. 563, spülte das Meer einen irischen Prinzen namens Columban an. Columban stammte aus einer Adelsfamilie und hatte in seiner Heimat bereits einige Klöster gegründet. Doch aufgrund eines kopierten Manuskripts geriet er in Konflikt mit einem anderen Mönch, was in einem blutigen Krieg mündete. Dieser „Krieg der

Abtei
Iona
Nonnenkloster
Mull

Bücher" forderte Tausende Todesopfer und hatte zur Folge, dass Columban aus Irland verbannt wurde. In einem Fellboot fuhr er gemeinsam mit zwölf Anhängern in Richtung Schottland, wo er so viele Heiden bekehren wollte, als es im Krieg Tote gegeben hatte.

Columban landete in einer südlichen Bucht, die heute den Namen Port na Curaich (Fellboot-Hafen) trägt, stieg auf den höchsten Gipfel Ionas (den 101 Meter hohen Dun Ì) und beschloss, zufrieden, dass er Irland nicht mehr sehen konnte, sich hier niederzulassen. Mit seinen Getreuen errichtete er eine schlichte Kirche, die bald als Zentrum des Lernens bekannt wurde. Außerdem gründete er eine Reihe sogenannter „Himmelskolonien", in denen er den Heiden das Wort Gottes verkündete.

Columban starb 597. Es war dasselbe Jahr, als der Benediktinermönch Augustinus aus Rom kommend in England landete, um die heidnischen Angeln zu einem römisch geprägten Christentum zu bekehren. Dessen ungeachtet war es Columbans keltisches Christentum, das sich in Schottland und England verbreitete.

Im Jahr 802 wurde Iona von den Wikingern zerstört, woraufhin die überlebenden Mönche nach Irland zurückkehrten. Im 12. Jahrhundert entstanden auf Iona ein Mönchs- und ein Nonnenkloster, die im Vorfeld der Schottischen Reformation – als Schottland 1560 mit dem Papsttum brach – verlassen wurden und verfielen. Erst im frühen 20. Jahrhundert begann man mit der Renovierung, und 1938 gründete Reverend George MacLeod die Iona Community, eine ökumenische Organisation. Sie brachte junge Geistliche und arbeitslose Handwerker zusammen, die den mittelalterlichen Bau instand setzten. Aktiv ist diese Gemeinschaft noch heute.

Nach wie vor strömen Pilger nach Iona – die einen ihres Glaubens wegen, die anderen aus Neugierde. Von Columbans ursprünglichem Kirchenbau ist nichts geblieben, ausgenommen der gerade noch erkennbare Schutzwall. Doch man kann die revitalisierte mittelalterliche Kirche besuchen und das Grab des heiligen Columban, der aus dem 9. Jahrhundert stammende und daher älteste Bauteil. Und man kann die Straße der Toten entlangwandern, ein im Mittelalter angelegter Weg, der zur Sankt-Oran-Kapelle führt und zum Friedhof, auf dem die alten schottischen Könige – Macbeth inklusive – angeblich ihre letzte Ruhestätte gefunden haben. Man kann auch auf den Dun Ì steigen, oben die frische Luft atmen und weit über die Hügel, Wiesen, Klippen und steinernen Ruinen blicken und fühlen, wie stark der Geist dieses uralten Ortes wirkt.

| | |
|---|---|
| Was? | Rätselhaftes neolithisches Areal aus Steinkreisen, künstlichen Hügeln, uralten Wegen und mächtigen Grabmälern |
| Wo? | Wiltshire, England, GB |

## AVEBURY

WELCHEN IRDISCHEN Zweck dieser Hügel einst gehabt haben mag, hat sich im Nebel der Zeitläufte verloren und lässt sich nicht mehr ergründen. Es ist eine merkwürdig aussehende Ausbuchtung, die sich wie ein extraterrestrischer Stützpunkt aus der Wiese emporwölbt. Überhaupt herrscht hier eine Atmosphäre, als wäre die Gegend nicht von dieser Welt. Wie Silbury Hill, Europas größter prähistorischer künstlicher Hügel, ist die Bilderbuchlandschaft von Avebury mit Seltsamkeiten übersät: eine mysteriöse Kultstätte aus konzentrischen Kreisen, eine neolithische Allee, die die Felder durchschneidet, ein Dorf, das von einem gewaltigen Steinkreis in Segmente zerlegt wird. So viele Geheimnisse, die sich hier in Stein und Erde verbergen. Man klettert auf einen Grabhügel, der an die sechstausend Jahre alt ist. Zwei Hippies sitzen am Eingang, wedeln mit Weizenähren und besingen Mutter Natur. Man bückt sich, kriecht auf Händen und Füßen über uralte Steinplatten hinein und könnte schwören, Mutter Natur antworten zu hören.

Die Landschaft um Avebury ist urenglisch und uralt. Im Dorf gibt es alles, was zum englischen Landleben gehört: ein Pub mit Strohdach, ein stattliches Landhaus und eine angelsächsische Kirche. Darüber hinaus gibt es aber eben auch einen der größten Steinkreise der Welt. Auf einem grasbewachsenen Wall innerhalb eines Grabens von rund 1,3 Kilometer Umfang steht der große Steinkreis von Avebury Henge, der zwei kleinere Steinkreise umschließt und zwischen 2850 und 2200 v. Chr. entstanden sein soll. Die Steine – Sarsen- oder Sandsteinblöcke, die man in der Nähe abgebaut hat – sind bis zu 6 Meter hoch und wiegen zum Teil über 40 Tonnen. Allein im großen äußeren Kreis standen mehr als 98 solcher Sarsensteine, wovon bloß 27 erhalten blieben. Diese Monolithen zu bewegen und aufzustellen

# Der Steinkreis von Avebury

und den mächtigen Graben auszuheben, muss nicht nur übermenschliche Kräfte verlangt haben, sondern auch eine machtvolle Motivation. Denn weshalb setzt sich jemand solchen Mühen aus?

Keiner kann diese Frage beantworten, auch wenn es zahlreiche Theorien dazu gibt. Die ausgefalleneren meinen, Avebury Henge sei von Druiden errichtet worden oder von Amerikas Ureinwohnern oder als Memento der letzten Schlacht des legendären Königs Artus. Wahrscheinlicher scheint, dass es sich hier um einen von Englands bedeutendsten neolithischen Kultplätze handelt. Wie die Götter hier angebetet wurden, ist unbekannt. Doch man nimmt an, dass es sich um eine Art Theater für öffentliche Riten handelt, wo die Menschen ihrer Verbindung zu den Jahreszeiten, den Geistern und der gesamten Weltordnung Ausdruck verliehen.

Wiltshire, ein unwiderstehlicher Flecken England, verfügt wohl europaweit über die größte Dichte an prähistorischen Monumenten. Manche meinen, unsere Vorfahren hätten diesen Ort aufgrund seines geo-magischen Potenzials ausgewählt. Angeblich liegt Avebury auf dem Schnittpunkt eines erdmagnetischen Gitternetzes, dessen Linien direkt mit anderen uralten Kultplätzen – darunter das etwas weiter südlich gelegene Stonehenge – verbunden sind. Andere halten das für reinen Humbug. Und dennoch steckt diese Landschaft voller rätselhafter Verbindungen.

Zuerst sollte man einige Zeit im Steinkreis verbringen, um die riesigen Menhire aus der Nähe zu erkunden. Dann sollte man den Swindon Stone berühren, den größten von allen, der den Nordzugang markiert und der einzige ist, der nie umgefallen ist. Man folge der West Kennet Avenue, ein Zeremonienweg, der einst von Hunderten Sandsteinblöcken flankiert war und zum 39 Meter hohen Silbury Hill führt, ein künstlicher Hügel, der in späterer Zeit dazukam. In seinem Inneren haben Archäologen nur wenig gefunden. War es ein heiliger Ort, ein Observatorium oder bloß ein riesiger Komposthaufen? Jenseits des Silbury Hills liegt West Kennet Long Barrow. In diesem um 3650 v. Chr. errichteten, fast 100 Meter langen neolithischen Grabhügel wurden die sterblichen Überreste von zumindest 45 Menschen gefunden. Von diesem Hügelgrab gelangt man durch East Kennet zum Sanctuary, wo die Löcher für die Pfosten eines mehr als fünftausend Jahre alten Tempels im Gras markiert sind. Diese Markierungen bezeichnen außerdem den Beginn des Ridgeways, die sogenannte „älteste Straße Großbritanniens", entlang derer zahlreiche weitere Geheimnisse dieser rätselhaften Region zu finden sind.

| | |
|---|---|
| Was? | Mittelalterliche Abtei auf einer kleinen, den Gezeiten ausgesetzten Insel |
| Wo? | Normandie, Frankreich |

# MONT-SAINT-MICHEL

WIE MÜSSEN sich all die erschöpften Pilger gefühlt haben, als dieser Titan in ihr Blickfeld kam. Hoch empor müssen sich ihre Herzen erhoben haben, hoch wie die himmelhohe Kirchturmspitze, nachdem sie es bis hierher geschafft haben: Mont-Saint-Michel, ein pyramidenförmiger Fels mit einem Konglomerat halb steinerner, halb hölzerner Bauten, die einer mächtigen Abtei entgegenstreben. Rund um dieses Wunder erstreckt sich Schwemmland, das täglich zweimal unter Meeresfluten verschwindet, wenn ein mächtiger Tidenhub die Insel vom Rest der Zivilisation abschneidet. Es ist eine gleichermaßen physische wie metaphysische Trennung, eine Demarkationslinie zwischen menschlicher und spiritueller Welt.

Mont-Saint-Michel, einst Mont-Tombe (Grabhügel) genannt, liegt vor der normannischen Küste und war bereits den Kelten heilig, die ihn für ein Tor zwischen Dies- und Jenseits hielten. Um das 6. Jahrhundert kamen die ersten christlichen Eremiten. Nachhaltig änderte sich das Schicksal der Insel aber erst mit dem Jahr 708, als Aubert, Bischof des nahen Avranches, eine Vision des Erzengels Michael hatte, der ihm befahl, eine Kirche auf dem Mont-Tombe zu errichten. Aubert ignorierte die Anweisung, doch der Erzengel kehrte zweimal wieder und brannte dem Bischof sogar ein Loch in den Schädel, um der Ernsthaftigkeit seiner Forderung Nachdruck zu verleihen.

Aubert machte sich also endlich auf zur Insel. Die genaue Stelle, wo er die Kirche errichten sollte, so war ihm gesagt worden, würde durch einen gestohlenen Stier markiert sein. Aubert fand das Tier 88 Meter über dem Meer am Gipfel der Insel.

Die Anfänge von Mont-Saint-Michel waren nicht berauschend. Zuerst waren es Wikingerüberfälle, dann kamen die Normannen, die ab der Mitte des 10. Jahrhunderts die Herrschaft übernahmen.

A. D. 966 – das offizielle Gründungsjahr der Abtei – ließ sich eine Gruppe von Benediktinern auf der Insel nieder. Nach und nach nahm nun ein grandioser Klosterbau Form an, was gar nicht so einfach war, musste sich der Baukomplex doch sozusagen um den höchsten Punkt der Insel – die spitze Felsnadel aus solidem Granit – wickeln. Man grub Krypten in den Stein, um darüber eine ebene Fläche für die Abteikirche zu schaffen. Alle übrigen Bauteilen fügte man in die Konturen des Hügels. Die gesamte Nordseite – eine Langhauswand, das nördliche Seitenschiff und der Chor – wurde schwer beschädigt, als der mächtige Kirchturm nur wenige Jahrzehnte nach seiner Errichtung einstürzte und neu errichtet werden musste. Der Erzengel hatte das Leben nicht einfacher gemacht, doch das Resultat war prachtvoll.

Am Fuß der Abtei entstand ein Dorf, und bald kamen die Pilger in Scharen. Sie betrachteten die Insel als ein irdisches Abbild des Paradieses und wollten sich hier durch den Erzengel Michael, den Seelenwäger, der Ewigkeit versichern.

Seit seiner Gründung wurde die Abtei mehrfach umgebaut. Im 15. Jahrhundert erhielt die romanische Kanzel ihr spätgotisches Aussehen, und während des Hundertjährigen Kriegs entstanden festungsartige Anlagen, um gegen englische Angriffe gewappnet zu sein. Während der Französischen Revolution säkularisierte man die Abtei und wandelte sie in ein Gefängnis um. Erst 1966, eintausend Jahre nach der offiziellen Gründung, kehrte geistliches Leben zurück: Eine kleine religiöse Gemeinschaft zog auf den Mont-Saint-Michel und lebt noch heute in der Abtei.

Vom Festland sind es 2,5 Kilometer bis zum Mont-Saint-Michel. Man betritt die Anlage durch die Porte de l'Avancée, die direkt in die lebhafte, von Fachwerkhäusern flankierte Grand Rue mit ihren Souvenirläden führt. Über eine steile Treppe gelangt man zur Abtei. Hier befinden sich die Kirche und auf den beiden darunterliegenden Ebenen die Räume der Mönche, das als *Merveille* (Wunder) bekannte Labyrinth aus Sälen, Krypten, Kellern und Gängen. Von ganz oben bietet sich ein herrlicher Ausblick über die Bucht mit ihrem enormen Tidenhub. Bis zu 15 Meter können es sein und laut Victor Hugo steigt die Flut schnell wie ein galoppierendes Pferd.

Meereswogen, Gischtnebel, Treibsand – Mont-Saint-Michel konnte für die mittelalterlichen Pilger ein wahrhaft gefährlicher Ort sein. Sie kamen trotzdem, bereit, ihr Leben für einen Abstecher ins Paradies zu riskieren.

| | |
|---|---|
| Was? | Katholischer Wallfahrtsort an einer Quelle, die dank einer Marienerscheinung entdeckt wurde |
| Wo? | Hautes-Pyrénées, Frankreich |

# LOURDES

FRIEDEN, GEBETE, Glaube, Hoffnung, das Gurgeln einer Quelle. Menschenschlangen haben sich gebildet, und doch gibt es weder Geschiebe noch Gedränge. Es liegt Stille über all jenen, die Zentimeter um Zentimeter in die schattige Felsspalte vorrücken – Menschen jeglichen Alters und Aussehens. Manche haben die Augen halb geschlossen und lassen die Perlen eines Rosenkranzes durch ihre Finger gleiten. Andere streichen mit ihren Händen über die kühlen Felswände, wie es Tausende, ja, Millionen von Pilgern vor ihnen getan haben. Manche halten Kerzen, manche Selfiesticks, manche flüstern, manche weinen. Und aus ihrer Nische oben in dieser geheiligten Grotte blickt auf sie alle eine Marmorstatue der Heiligen Jungfrau Maria hinab. Dort, so heißt es, soll sie vor mehr als einem Jahrhundert einem jungen Mädchen erschienen sein. Nun steht sie für alle sichtbar hier, damit sich jeder an ihren engelsgleichen Strahlen laben kann.

Am 11. Februar 1858 hatte Bernadette Soubirous eine Vision. Die vierzehnjährige Tochter armer, tiefgläubiger Bauern aus der kleinen Marktstadt Lourdes sammelte gerade Feuerholz am Ufer des Gave de Pau, als sich in ihrer Nähe etwas bewegte. Eine leichte Brise ließ die Blätter über einer kleinen Grotte erzittern und eine ganz in Weiß gekleidete Dame von unvergleichlicher Schönheit erschien. Bernadette fürchtete sich und begann zu beten. Eine Viertelstunde später verschwand die Traumgestalt wieder. Während der nun folgenden sechs Monate hatte Bernadette insgesamt achtzehn derartige Erscheinungen. Während einer dieser Begegnungen wies die rätselhafte Dame Bernadette an, von der Quelle zu trinken – und das, obwohl nirgendwo eine zu sehen war. Bernadette aber war gehorsam und grub, bis sie auf Wasser stieß. Seit diesem Tag fließt in Lourdes die heilige Quelle.

QUE SOY
ERA
IMMACULADA COUNCEPCIOU

Kaum jemand glaubte dem jungen Mädchen, bis die Dame während der sechzehnten Vision ihre Identität enthüllte: „Que soy era Immaculada Conception." Als Bernadette das dem Bischof erzählte, war dieser verblüfft. Vier Jahre zuvor nämlich hatte der Vatikan ein Dogma erlassen, nach dem Maria die Unbefleckte Empfängnis – Immaculata conceptio – sei, ein Umstand, den die ungebildete Bernadette unmöglich wissen konnte. Dies nun galt als Beweis für göttliches Eingreifen. 1862 entschied die römisch-katholische Kirche, dass die Visionen des Teenagers echt waren. Die Jungfrau Maria war in Lourdes angekommen.

Die scheue Bernadette floh vor dem Ruhm und trat 1866 in ein Nonnenkloster in Nevers bei Paris in ein. 1879 starb sie im Alter von nur 35 Jahren, 1933 wurde sie heiliggesprochen. Ihr angeblich „unverweslicher" Leichnam, der immer noch aussieht, als wäre Bernadette gestern gestorben, ist in einem Sarg in der Kapelle des heiligen Gidard in Nevers aufgebahrt. Doch ihr wahres Erbe findet sich in Lourdes. Schätzungsweise 200 Millionen Menschen sind es, die diese Stadt am Fuße der Pyrenäen seit den 1860er-Jahren besucht haben. Während der Wallfahrtssaison (von Ostern bis Oktober) sind es täglich rund 25.000.

Der heilige Bezirk von Lourdes umfasst mehrere Sakralbauten, darunter eine kleine Krypta (die ursprüngliche Kapelle) und die Maria-Empfängnis-Basilika mit ihren exquisiten Buntglasfenstern, auf denen Bernadettes achtzehn Visionen dargestellt sind. Die meisten aber kommen wegen der Grotte von Massabielle, wo die Heilige Jungfrau erschienen ist und wo die Quelle bis heute sprudelt.

Um in den Genuss des vorgeblich heilsamen Quellwassers zu kommen, trinken die Pilger aus den Lourdes-Brunnen oder besuchen eines der siebzehn Bäder, wo man ganz in das Wasser tauchen kann. Dort ziehen sich die Wallfahrer aus, schlüpfen in ein weißes Hemd und steigen in die mit eiskaltem Wasser gefüllten Becken. Helfer stehen bereit, die auch mit den Pilgern beten: „Unsere Frau von Lourdes bete für uns; heilige Bernadette bete für uns." Tausende behaupten, das Wunderwasser hätte sie geheilt, doch nur 69 Fälle wurden von der römisch-katholischen Kirche als Wunderheilungen anerkannt. In Wahrheit suchen nur die wenigsten Lourdes-Wallfahrer übernatürliche Heilung. Sie kommen für Gebet, Führung und Verständnis, und sie kommen auch, um sich mit anderen Gläubigen zusammenzufinden. Sie kommen weniger um eine physische Therapie als vielmehr um eine Heilung des Geistes.

| | |
|---|---|
| Was? | Kirche, an deren Tor ein Blatt Papier die Reformation auslöste |
| Wo? | Sachsen-Anhalt, Deutschland |

# SCHLOSS-KIRCHE ZU WITTENBERG

DAS BRONZETOR wirkt so undurchdringlich, dass es kaum vorstellbar ist, hier einen Nagel einzuschlagen. Es wäre auch nicht nötig, denn die Worte jenes Briefs, den Martin Luther einst an die (damals hölzerne) Kirchentür heftete, sind heute in das Metall eingeschrieben – unempfindlich gegen Wind und Wetter, unauslöschlich für alle Zeit. Das Innere der Kirche zeigt sich in schlichter Eleganz. Licht flutet durch Buntglasfenster und Orgelklang hallt von den Wänden wider. Im Gang Richtung Chor stößt man auf ein schlichtes Grab mit einer Bronzeplatte, auf der zu lesen ist: „Hier liegt der Leib von Martin Luther, Doktor der Theologie." Hier könnte auch stehen: Martin Luther – Mönch, Priester, Komponist, Übersetzer, Revolutionär der katholischen Religion …

Martin Luder (so die ursprüngliche Schreibung seines Namens), geboren 1483 in Eisleben, wuchs als Kind strenger Eltern heran, die für ihren Sohn eine Juristenlaufbahn vorsahen. 1505 begann Luder in Erfurt zu studieren. Als er jedoch eines Tages in ein heftiges Gewitter geriet und ein Blitz in seiner Nähe einschlug, fürchtete er sich so sehr, dass er gelobte, die kirchliche Laufbahn einzuschlagen, falls er dieses Pandämonium überlebt. Das tat er und blieb seinem Wort treu: Er trat in das Kloster der Augustiner-Eremiten in Erfurt ein, wo er achtzehn Monate später die Priesterweihe erhielt. 1508 begann Luder an der Wittenberger Universität Theologie zu studieren, wurde fünf Jahre später, nach seiner Reise nach Rom, zum Doktor der Theologie promoviert und übernahm den Lehrstuhl für Bibelauslegung.

In diesen Jahren begannen seine reformatorischen Ideen Form anzunehmen, wobei er den Ablasshandel der römisch katholischen Kirche besonders kritisch betrachtete. Das System, den Gläubigen zu versprechen, sie könnten sich mittels hoher Geldbeträge von der

Deutschland
Wittenberg
Eisleben
Leipzig
Eisenach
Erfurt
Mainz
Worms

Buße im Fegefeuer freikaufen, um mit diesem Geld die Errichtung großer Kathedralen und den Ausbau des Vatikans zu finanzieren, war Luder ein Dorn im Auge.

Im Jahr 1517 änderte Martin Luder seinen Namen in Luther (nach dem griechischen *eleutheros*, was *frei* bedeutet) und schrieb seine 95 Thesen, die er an das Tor der Wittenberger Schlosskirche nagelte. Dieses subversive Dokument zweifelte vor allem die Legitimität des Ablasshandels an. So stellte er mit der 86. These beispielsweise die Frage, warum der Papst, „dessen Reichtümer heute gewaltiger sind als die der mächtigsten Reichen", die Basilika St. Peter in Rom mit dem Geld armer Gläubiger anstatt mit seinem eigenen errichtete.

Die Thesen waren revolutionär, die Kirche verärgert. 1521 beorderte man Luther vor den Reichstag zu Worms, wohin er sich über den heute sogenannten Lutherweg begab. Als Luther es ablehnte, seinen Thesen abzuschwören, wurde die Reichsacht über ihn verhängt. Dennoch verbreitete sich sein Wort und führte schließlich zur protestantischen Reformation, eine massive Erschütterung der christlichen Welt.

Wittenbergs Schlosskirche am westlichen Rand dieser mittelalterlichen Stadt an der Elbe war erst acht Jahre, bevor Luther seine Thesen anschlug, fertiggestellt worden. Als Teil einer großen Schlossanlage war sie ursprünglich von einem Graben umgeben, über den eine Brücke zum Kirchentor führte. 1760 wurde der Bau bei einem Brand schwer beschädigt. Man renovierte die Kirche und setzte 1858 schließlich das aus Bronze gegossene „Thesentor" in die originale Steinkonstruktion des Nordportals ein. Im späten 19. Jahrhundert wurden Kirche und Kirchturm im neugotischen Stil umgebaut.

Wer die Kirche besucht, kann Luthers Grabmal seine Reverenz erweisen. Nicht weit davon entfernt liegt Philipp Melanchthon begraben. Er ist nicht nur eine Schlüsselfigur der Reformation, sondern war auch Freund und Wegbegleiter Luthers. Außerdem kann man die 289 Stufen des Kirchturms erklimmen, in dem sich die Inschrift „Eine feste Burg ist unser Gott", der von Luther verfasste Hymnus, befindet. Luther, selbst ein ebenso begeisterter wie versierter Musiker, betrachtete die Musik als ein wesentliches Element der evangelischen Messfeier. „Musik ist ein reines Geschenk und eine Gabe Gottes", lautet ein überliefertes Zitat. Luthers Vermächtnis zu ehren, besteht wohl auch am besten darin, in dieser Kirche dem Chor und der Ladegast-Orgel aus dem 19. Jahrhundert zu lauschen, wenn ihre Klänge hoch hinauf in das Gewölbe der Schlosskirche steigen.

| | |
|---|---|
| Was? | Hohes Gebirge und Wohnsitz der griechischen Götter |
| Wo? | Makedonien, Griechenland |

## OLYMP

HEIMAT DER Götter? So scheint es zu sein, denn diese erhabenen Gefilde aus nacktem Fels, der sich direkt aus dem Meer erhebt, umgibt eine dramatische Atmosphäre, die perfekt zum griechischen Pantheon passt. Keine Bühne, die geeigneter für diese menschlich-göttliche Soap-Opera aus Inzest, Untreue, Mord und Betrug wäre. Der Aufstieg ist anstrengend und führt durch Obstgärten, dichte Wälder aus Buchen und Pinien, über Blumenteppiche und durch Schmetterlingsgestöber. Irgendwann geht man endlich den letzten zerklüfteten Grat entlang und erreicht den Gipfel. Die Wettergötter sind freundlich gesinnt – die Anemoi haben keine Stürme entfacht, Zeus weder Donner noch Blitz entfesselt –, und nun steht man unter einem blitzblauen Himmel ganz oben auf diesem heiligen Berg. Es ist ein Gefühl, als stünde man am höchsten Punkt dieser Welt und der nächsten ein wenig näher.

Das Gebirge, das 2.917 Meter aus dem Thermaischen Golf ragt, ist nicht nur das höchste Griechenlands, sondern als Dreh- und Angelpunkt unzähliger Geschichten aus der griechischen Götterwelt auch das legendärste.

Die Geschichte begann, als Kronos noch Herrscher der Titanen war, jener alten Götter, die von Gaia (Erde) und Uranos (Himmel) abstammten. Mit Rhea, seiner Frau und Schwester, hatte Kronos viele Kinder, wovon eines ihn, so die Prophezeiung, allerdings stürzen würde, so wie auch er einst seinen Vater Uranos vom Thron gestoßen hatte. Als Gegenmaßnahme verschluckte Kronos seine Kinder, was Rhea zunehmend missfiel. Neuerlich hochschwanger, floh sie deshalb nach Kreta, verbarg ihr Neugeborenes – Zeus – in einer Felshöhle und gab Kronos stattdessen einen in eine Windel gewickelten Stein zu schlucken.

Als Zeus das Mannesalter erreicht hatte, befreite er seine Geschwister aus Kronos' Bauch und trat den Kampf der Titanen los, eine mächtige Schlacht um die Herrschaft über das Universum. Der Krieg tobte im Hochland von Thessalien. Kronos führte die alte Garde vom 1.726 Meter hohen Othrys an. Die jungen Thronanwärter standen unter Zeus' Befehl und erhielten später den Namen Olympier, denn als sie schließlich siegreich aus dem Kampf hervorgingen, wählten sie den Olymp als ihren Hauptsitz. Dort hatte jeder der Dodekatheoi – die zwölf Göttinnen und Götter – seinen eigenen Bereich. Als Versammlungsort wählten sie mit dem Mytikas den höchsten Gipfel, während der Stefani als Zeus' Thron diente.

Was heute ein geografischer Ort ist, begann jedoch als Mythos, als Metapher für Macht und Autorität, als Schnittpunkt zwischen Himmel und Erde. Erste Hinweise zu einer möglichen realen Verortung dürfte Homer mit seinen Epen *Ilias* und *Odyssee* geliefert haben. Doch erst späterer begann man mit dem Namen Olymp – *der Leuchtende* – einen spezifischen echten Berg zu verbinden: Das mächtige Bergmassiv, das man an klaren Tagen von Thessaloniki aus sehen kann, erwies sich als der passendste Kandidat für einen Wohnsitz der Götter. Doch so mächtige Berge wie der Olymp sind ohnehin selbst so etwas wie ein Gott. Sie können Furcht ebenso hervorrufen wie Erstaunen und Menschen mit einer Art selbstverständlichen Spiritualität erfüllen. Jahrhundertelang dienten die rauen Flanken des Olymps all jenen als sichere Zuflucht, die vor Verfolgung, Konflikten oder dem Gesetz flohen. Eremiten hausten in den Grotten und Wäldern des Olymps, andere haben in seinen heiligen Hainen und auf seinen höchsten Gipfeln Opfer dargebracht.

Heute erkunden vor allem Wanderer die himmlischen Regionen des Olymps. Man kann einen Spaziergang rund um Dion unternehmen, wo sich zumindest seit dem 5. Jahrhundert v. Chr. ein großer Zeus-Tempel befindet. In Angriff nehmen könnte man aber auch die Gipfeltour, die von der kleinen Stadt Litochoro aus in zwei, drei Tagen zu schaffen ist. Der Weg führt zuerst durch die grünen, von Füchsen und Wölfen bewohnten Bereiche am Fuß des Bergs, bevor man in die höheren Regionen aus kahlem Fels und tiefen Schluchten vordringt. Dort oben gibt es Berghütten, wo man übernachten und früh am Morgen die Sonne über dem Meer aufgehen sehen kann. Apollo oder Aphrodite wird man wohl kaum begegnen, ein Gespräch mit den Göttern jedoch ergibt sich in diesen lichten Höhen fast schon von selbst.

| | |
|---|---|
| Was? | Eines der ältesten Klöster des Christentums am Fuße eines biblischen Bergs |
| Wo? | Sinai, Ägypten |

## KATHARINEN-KLOSTER

DIESE GEGEND hat etwas unbestreitbar Biblisches an sich. So schwierig der Aufstieg auch war, er war es wert, denn jetzt steht man bei Sonnenaufgang hier oben am Gipfel und sieht zu, wie die Sonne das Land erglühen lässt. Rundherum breiten sich über Milliarden von Tagen ausgedörrte Felsen, graue Granitplatten und blutrote Hügel aus. Tiefe, über Jahrhunderte gezogene Hufspuren und Fußabdrücke ziehen sich kreuz und quer durch die Wildnis und sind der einzige Hinweis auf Leben in dieser verlassenen Einöde. Die Szenerie ist schroff und rau, uralt und zeitlos. Es könnte ein anderer Planet sein oder so alt wie die Zeit selbst. Eine überaus passende Kulisse also für das Erscheinen des Allmächtigen.

Ägyptens Berg Sinai zählt zu den verehrtesten Orten in der jüdischen, der christlichen und der islamischen Welt. Es heißt, an den Hängen dieses 2.285 Meter hohen Bergs hätte Gott in der Form eines brennenden Dornbusches zu Moses gesprochen und hier hätte Er ihm auch die Zehn Gebote verkündet. Die Geschichte wird im Alten Testament im Buch Exodus erzählt, wo – wie im Kapitel 19 – von Donner, Blitz, schweren Wolken und einem „gewaltigen Hörnerschall" die Rede ist, als Gott zu Moses sprach.

Archäologische Beweise für diese biblische Episode gibt es keine. Und selbst unter den Theologen meinen einige, beim Berg Sinai würde es sich tatsächlich um den Dschabal al-Lauz in Saudi-Arabien handeln, und andere, es handle sich dabei eigentlich um einen Hügel im Süden Israels. Doch es ist dieser Berg, den man auch unter dem Namen Gabal Musa oder Mosesberg kennt, der den stärksten Anspruch auf den Titel hat.

Bereits im 3. Jahrhundert sollen die ersten Mönche auf den Sinai gekommen sein, um sich an diesem einsamen und stillen Ort Gott

näher zu fühlen. Nach dem Ende der Christenverfolgung unter Kaiser Konstantin entstand A. D. 330 dort, wo man den brennenden Dornbusch vermutete – in einem engen Tal inmitten der Wüste –, eine erste kleine Kapelle. Mitte des 6. Jahrhunderts wurde auf Anordnung Kaiser Justinians I. eine große, von Schutzmauern umgebene Basilika errichtet. Seit damals schwankt das Schicksal des Katharinenklosters mit den Zeitläuften: Dieser geheiligte Ort hat die muslimischen Eroberungszüge überlebt, die Entdeckung des Skeletts der heiligen Katharina (die hier um 800 begraben worden ist) gesehen, Höhepunkte und Niedergänge der Wallfahrt, die Kreuzzüge und die Kriege zwischen Ägypten und Israel. Das Kloster hat all das überstanden und heute lebt hier eine Handvoll griechisch-orthodoxer Mönche. Täglich werden sie vor Tagesanbruch durch die 33 Glocken der Kirche geweckt, nehmen ihre Mahlzeiten in dem Refektorium aus dem 11. Jahrhundert ein, verbringen ihre Tage mit gemeinsamen Gebeten und feiern ihre Feste in der uralten Basilika.

An den meisten Vormittagen heißt man Besucher, die durch eine schmale Pforte in der drei Meter dicken Schutzmauer eintreten, willkommen. Ein immergrüner Brombeerbusch in einem Hof des Klosters wird als ein Nachkomme des brennenden Dornbusches verehrt, doch es ist die Dornbusch-Kapelle an der Ostseite der Basilika, wo sich der heilige Busch eigentlich befunden haben soll. Die meisten anderen Bereiche des Klosters – darunter die Moschee aus dem 11. Jahrhundert und eine enorme Bibliothek (deren Bestände nur von jenen des Vatikans übertroffen werden) – sind für Besucher nicht zugänglich. Möglicherweise kann man allerdings einen Blick in den Karner werfen, wo sich die Knochen zahlloser Mönche schaurig stapeln. Und man könnte auf den Mosesbrunnen stoßen, wo Moses der Überlieferung nach auf die sieben Töchter Jitros traf. Das Wasser dieses Brunnens wird von den Mönchen noch heute verwendet.

Die meisten Besucher aber kommen hierher, um gleich weiterzuziehen: Das Katharinenkloster ist der Ausgangspunkt für die Wallfahrt auf den Berg Sinai. Der rund drei Stunden dauernde Aufstieg beginnt noch unter dem tiefschwarzen Sternenhimmel, um den Gipfel bei Sonnenaufgang zu erreichen. Der Pfad hinauf führt an einer Zypresse vorbei, die jenen Ort markiert, an dem der Prophet Elias die Stimme Gottes gehört haben soll. Danach bleibt noch ein mühseliger Marsch über 750 Stufen, bis man endlich dieses unermessliche, zeitlose Panorama vor sich hat und der Himmel zum Greifen nahe ist.

| | |
|---|---|
| Was? | Dreh- und Angelpunkt einer uralten Stadt, der drei Weltreligionen heilig ist |
| Wo? | Jerusalem, Israel |

## TEMPELBERG

IST ES wirklich alle Welt, die durch diese geheiligten Straßen zieht? Wer durch die Altstadt Jerusalems geht, ein von Mauern umgebenes Straßengewirr aus hellem Kalkstein, dem sticht besonders die unterschiedliche Kleidung ins Auge, die man hier sieht: Jarmulkes und Mönchsroben, Tuniken und Kufijas, Hidschabs, Jeans und Baseballkappen. Die Luft ist erfüllt von Gewürzen, Räucherwerk, dem Duft von frischem Brot und dem Staub vergangener Zeitalter. Der Ruf des Muezzins von einem Minarett mischt sich mit dem Klang läutender Glocken, von Bar-Mizwa-Feiern und zahlreichen verschiedenen Sprachen, wenn Menschen aller Nationalitäten hier reden, singen, feiern und beten. Jerusalem bedeutet vielen Glaubensrichtungen unendlich viel, ist gleichzeitig politisches Pulverfass und Konzentrat gläubiger Verehrung. Die Pilger mögen verschiedenen Dogmen anhängen, doch alle werden sie von dieser Stadt angezogen.

Die Geschichte Jerusalems ist lang. Eine erste Besiedlung dieses Bergs in Judäa soll bereits vor rund fünftausend Jahren stattgefunden haben, womit Jerusalem eine der ältesten Städte der Welt wäre. Während der darauffolgenden Jahrtausende wurde es bedrängt, belagert, erobert, zurückerobert und sogar zweimal zerstört. Doch die Stadt, die auch die Namen Jeruschalajim und al-Quds trägt, hat sich als Überlebenskünstlerin herausgestellt und blieb allen drei monotheistischen Religionen – Judentum, Christentum, Islam – heilig.

Für Juden ist Jerusalem, insbesondere Har haBait (der Tempelberg), das Zentrum ihres Glaubens. Es war Erde von diesem Hügel im Südosten der Altstadt, aus der Gott laut Talmud Adam schuf, und Abraham soll hier fast seinen Sohn Isaak geopfert haben. König David errichtete einen Altar auf dem Berg, sein Sohn Salomon im 10. Jahrhundert v. Chr. den ersten Tempel. 586 v. Chr. zerstörte ihn

Nebukadnezar, König von Babylon. Ein zweiter Tempel entstand bald darauf. Ihn zerstörten die Römer 70 n. Chr. Alles, was von diesem zentralen jüdischen Gebäude blieb, ist die Westmauer. Und so blieb der Tempelberg den Juden heilig, die aus aller Welt hierherkommen, um an dieser Mauer, der Klagemauer, ihre Gebete zu verrichten.

Für Muslime heißt der Tempelberg al-Haram asch-Scharif, das edle Heiligtum. Es ist die drittheiligste Stätte des Islam, denn Mohammed soll von hier aus seine Nachtreise in die „entfernteste Moschee", den Himmel, angetreten haben. Kurz nach der islamischen Eroberung Jerusalems im Jahr 637 wurden auf dem Tempelberg Felsendom und al-Aqsa-Moschee errichtet – der Felsendom als prächtiger Schrein über jenem Felsen, von dem aus Mohammed zu seiner Himmelfahrt aufgebrochen sein soll. Es ist derselbe Felsen, heißt es im Judentum, den Abraham für sein Opfer ausgewählt hat.

Im Christentum glaubt man, dass Jesus regelmäßig auf den Tempelberg gestiegen ist, um hier zu predigen und zu heilen. Hier soll er die Philister angeklagt haben, was letzten Endes zu seinem Tod führte. Das Letzte Abendmahl nahm er in Jerusalem ein, seine letzten Gebete sprach er außerhalb der Stadtmauern im Garten Gethsemane, gekreuzigt wurde er auf dem Golgota, wo sich heute die Grabeskirche mit dem Grabmal Jesu befindet.

Zum Alltag des Jerusalem von heute gehören Sicherheitsschleusen und bewaffnete Polizei. Doch nicht einmal das stört die Spiritualität dieses Orts. Juden beten an der Klagemauer und vermeiden es, den Tempelberg selbst zu betreten, um dessen Heiligkeit nicht zu schänden. Züchtig bekleidete Besucher aller Glaubensrichtungen jedoch wird der Zutritt zum Tempelberg gestattet. Man erreicht ihn durch das Mughrabi-Tor, durch das man auf einen stillen offenen Platz mit mehreren Reinigungsbrunnen, anmutigen Bögen und hohen Zypressen gelangt. In der Mitte des Platzes prangt der Felsendom, dessen goldglänzende Kuppel und wunderschöne blau-grüne Keramikfliesen in der Sonne schimmern. Ihn dürfen ausschließlich Muslime betreten.

Doch hier liegt er, der heilige Felsen. Und darunter befindet sich der Brunnen der Seelen, eine Höhle, wo sich die Verstorbenen treffen, die man hören kann, während sie auf das Jüngste Gericht warten. Hier soll auch die Geburt Johannes des Täufers seinem Vater Zacharias verkündet und die Bundeslade aufbewahrt worden sein. Unendlich viele Geschichten, unendlich viel Leid, die hier tief unter der Erde verborgen liegen.

Muslimisches
Viertel
Grabeskirche
Christliches
Viertel
Felsen-
dom
al-Aqsa-
Moschee
Hurva-Synagoge
West-
mauer
Armenisches
Viertel
Jüdisches
Viertel

| | |
|---|---|
| Was? | Alte Kaiserstadt Japans mit unverminderter kultureller Bedeutung |
| Wo? | Insel Honshu, Japan |

# KYOTO

ES IST nur ein Schritt über die Schwelle, um aus der Welt der Menschen in jene der Geister, um vom Profanen zum Heiligen zu gelangen. Nach vorne erstreckt sich eine zinnoberrote Allee aus *Torii* – der traditionelle Eingang zu einem Shintō-Schrein –, mäandert in eine Aufwärtsbiegung und ist so dicht von Holzstämmen gesäumt, dass die Bäume draußen kaum zu sehen sind. Wie eine Ader verbindet der Torii-Weg die Tempel des Fushimi Inari-Taisha mit der Bergspitze. Man steigt hinauf, durchschreitet Tor um Tor, von denen jedes eine Inschrift aus eleganten Kanji-Schriftzeichen trägt. Es sind die Gebete jener Wohltäter, die ein Tor und, wie sie hoffen, damit ihr Glück erworben haben. Kleinere Schreine und kleiner Torii folgen und bieten sich Gläubigen mit weniger tiefen Taschen an. Schließlich dünnen die Torii aus, öffnet sich der Ausblick: Da unten liegt Kyoto, einst Heian-kyō, Kaiserliche Residenzstadt des Friedens und der Ruhe, genannt. Mehr als eintausend Jahre lang war sie das Zentrum der japanischen Kultur. Ihr spirituelles Herz ist sie noch heute.

Es war im 8. Jahrhundert n. Chr., als Kammu-tennō, Japans 50. Kaiser, seinen Regierungssitz verlegte, um sich der zunehmenden Einflussnahme buddhistischer Klöster in Nara, damals Hauptstadt Japans, zu entziehen. Nachdem er kurze Zeit in Nagaoka-kyō residiert hatte (was sich als wenig glücklich herausstellte), ließ er sich 794 an jenem Ort nieder, der heute den Namen Kyoto trägt.

Der Platz war ideal. Im Norden boten die Berge natürlichen Schutz gegen böse Dämonen, die Ost- und Westgrenze bildeten die Flüsse Katsuragawa und Kamogawa, die in den Fluss Yodo münden, der die neue Hauptstadt mit der Küste verband. Eine Stadt im Schachbrettmuster wurde errichtet. Breite Durchfahrtsstraßen und schmale Gassen durchzogen sie, und in ihrem Zentrum entstand ein

von Mauern geschützter Palast. Die Bevölkerungszahlen explodierten und bald war Kyoto mit Tempeln und Schreinen übersät, was die herausragendsten Handwerker, Kalligrafen, Kabuki-Darsteller und Ikebana-Meister anlockte. Während des folgenden Jahrtausends war die Stadt das Zentrum des Kaiserreichs, bis dieses 1868 nach Edo – das heutige Tokio – verlegt wurde. Doch das Beste aus Japans Kultur war und ist in Kyoto zu finden.

Ungeachtet unzähliger Kriege, Feuersbrünste und Erdbeben zählt Kyoto zu den am besten erhaltenen Städten Japans. Das ist nicht zuletzt der Tatsache zu verdanken, dass Kyoto im Zweiten Weltkrieg von Luftangriffen verschont geblieben ist. Ursprünglich das bevorzugte Ziel der US-Luftwaffe für den Atombombenabwurf, verhinderte Kriegsminister Henry Stimson den fatalen Schlag mit dem Argument, Kyoto sei kulturell einfach zu bedeutend. Heute gibt es in Kyoto 1.660 buddhistische Tempel, 400 Schintō-Schreine und 90 christliche Kirchen, die sich auf die alten Straßen und die modernen Randbezirke verteilen.

Der im Jahr 711 gegründete Fushimi Inari-Taisha und seine fotogenen scharlachroten Torii-Alleen sind den Kami Inari geweiht, den Gottheiten der Fruchtbarkeit, des Reises und der Füchse. Der Schrein befindet sich auf einem Hügel am Rand der Stadt, ein ausgezeichneter Ort, um Kyoto in seiner Gesamtheit zu bewundern.

In Schintō-Schreinen können Gläubige die Gottheiten mit einfachen Gesten des Respekts verehren: Sie können Räucherstäbchen entzünden, ihre Wünsche und Hoffnungen auf *Ema* – Holztäfelchen mit Bildern – schreiben oder ein Gebet sprechen, während sie die Tempelglocken läuten, um die Geister auf ihre Wünsche aufmerksam zu machen. In der Nähe des Eingangs zum Schrein befindet sich ein *Temizuya*, ein kleiner Brunnen, wo sich Besucher mit dem *Shamoji*, einem flachen Löffel, Hände und Mund waschen, um gereinigt in den heiligen Bezirk einzutreten.

Die Wahl fällt schwer, und so ist vielleicht am besten, sich jene siebzehn heiligen Orte vorzunehmen, die auf der Welterbeliste der UNESCO stehen. Früh am Morgen empfiehlt sich der Kinkaku-ji, ein von Bäumen umgebener vergoldeter Tempel, der sich in einem Teich spiegelt. Darauf könnte der Ryoan-ji mit seinem Zen-Garten im Kare-san-sui-Stil folgen, bevor es die fünfgeschossige Pagode des Tō-ji – Japans höchster Holzturm – zu bewundern gilt. Man begreift hier jedenfalls, dass es wohl an die tausend Jahre dauern würde, unter die Oberfläche der uralten heiligen Stadt Kyoto vorzudringen.

| | |
|---|---|
| Was? | Heiligste und überwältigendste Pagode, in der acht Haare Buddhas aufbewahrt werden |
| Wo? | Rangun, Myanmar (Burma) |

# SHWEDAGON PAYA

ES IST ein so blendender Buddhismus, dass man kaum hinsehen kann, wenn sich die Shwedagon Paya mit dem Lichterschein von tausendmal Weihnachten in den heißen, dunklen Himmel brennt. Der Effekt ist umwerfend und es scheint, als wäre dieser Anblick meilenweit, ja sogar bis ins Weltall hinaus zu sehen. Der tiefere Sinn dieses Geglitzers: Darunter befindet sich eine Schatulle mit acht Kopfhaaren Siddhartha Gautamas, des Buddhas selbst. Ein nobles Monument für einen kostbaren Schatz und Myanmars heiligster Ort.

Die Geschichte der Shwedagon Paya ist vage. Der Legende nach ist dieser Pagodenkomplex (*Paya* ist der Oberbegriff für das Heilige und wird oft für Sakralbauten verwendet) rund 2.500 Jahre alt. Es heißt, es seien zwei Brüder gewesen, die um 500 v. Chr. auf den eben erleuchteten Siddhartha Gautama trafen, der ihnen acht seiner Kopfhaare überließ, deren jedes acht Fingerbreit lang war. Die beiden kehrten nach Myanmar zurück, wo die heilige Haarsträhne auf dem Singuttara-Berg verwahrt werden sollte. Dort nämlich wurden bereits Reliquien von drei vorangegangenen Buddhas verehrt: Kakusandhas Wasserfilter, Konagamaras Gewand und Kassapas Stab. Eine kleine Kammer, ellbogenhoch mit Edelsteinen gefüllt, wurde errichtet, um die Reliquien angemessen unterzubringen. Doch als man die Schatulle mit den Haaren hineinstellte, erhob sich unter Menschen und Geistern ein mächtiges Getöse: Blitze zuckten, Wind kam auf, die Tauben hörten und die Stummen sprachen. Um diese Mächte im Zaum zu halten, legte man eine goldene Platte über die Kammer und errichtete darüber eine goldene Pagode. Rundherum entstanden weitere Pagoden, von denen je eine aus Silber, Kupfer, Bronze, Eisen, Marmor und Ziegelstein gebaut wurde. Doch die Pagode blieb ungenutzt und fiel für Jahrhunderte in einen Dornröschenschlaf.

Archäologen hingegen gehen davon aus, dass die Shwedagon Paya zwischen 500 und 1000 n. Chr. errichtet wurde. Im 15. Jahrhundert, unter Königin Shinsawbu, wurde es Usus, den Shwedagon zu vergolden. Die Königin spendete ihr Körpergewicht in Gold, das in Form von Blattgold auf den Stupa aufgetragen wurde. Ihr Sohn ließ sich viermal aufwiegen und fügte dem das Gewicht seiner Ehefrau in Gold dazu. Noch heute spenden die Menschen Gold für den Tempel. Es wird in besonders gekennzeichnete Opferstöcke geworfen, einmal im Jahr eingeschmolzen und auf den Stupa aufgetragen.

Der heutige Baukomplex stammt aus dem 18. Jahrhundert, nachdem ein Erdbeben den Vorgängerbau zerstört hatte. Vier Treppen führen auf den Singuttara-Berg, bevor man durch einen der vier *Zaungdan* (überdachte Gänge), deren jeder von *Chinthe* (Wächterfiguren, halb Löwe, halb Drache) bewacht wird, auf die große Plattform tritt. In der Mitte dieses Platzes aus seidenglattem Marmor, der mit kleinen Pavillons, Statuen und Schreinen übersät ist, erhebt sich der Shwedagon: ein 98 Meter hoher Chedi oder Stupa, der auf einem Sockel ruht und von einem glitzernden *Hti* (ornamentierter Schirm) bekrönt wird. Dieser ist mit 5.448 Diamanten, 2.317 anderen Edelsteinen, 1.065 Glöckchen und einer 76-karätigen Diamantkugel geschmückt. Der buddhistischen Tradition entsprechend zieht man die Schuhe aus und geht im Uhrzeigersinn um den Stupa.

Der große goldene Stupa ist von kleineren umgeben. Vier Stupas zeigen die Haupthimmelsrichtungen an, vier mittelgroße befinden sich an den Sockelecken und sechzig kleine an den Rändern. Es gibt Buddha-Figuren, denen Wochentage, Planeten und Tiere zugeordnet sind. Viele Gläubige kommen direkt hierher, um am Symbol für den Wochentag ihrer Geburt Kerzen zu entzünden, Opfergaben herzulegen und die Buddha-Figur mit Wasser zu übergießen. Wer den Wochentag, an dem er geboren wurde, nicht weiß, kann sich an einen der Wahrsager wenden, die ihn in ihren dicken Büchern nachschlagen.

Trotz der tiefen Heiligkeit dieses Orts hat ein Besuch der Shwedagon Paya nichts Pathetisches, weil viele nicht nur kommen, um zu beten, sondern auch um Freunde zu treffen. Vor allem ab Sonnenuntergang wird es rund um den großen goldenen Stupa besonders lebendig. Man sieht die letzten Sonnenstrahlen des Tages über Rangun und dem Fluss, das Licht der Opferkerzen flackert in der kühleren Abendluft, Freunde plaudern, manche beten und dazwischen bewegen sich still die Mönche. Es ist ein beeindruckender Ort mit einer dennoch heiteren Atmosphäre.

| | |
|---|---|
| Was? | Heiliger Berg mit einem für viele Glaubensrichtungen heiligen Fußabdruck |
| Wo? | Zentrales Hochland, Sri Lanka |

# ADAM'S PEAK

DIE TREPPE scheint endlos und immer noch höher hinaufzuführen. Es ist ein unendlich langer, an Lungen und Gelenken zerrender Aufstieg. Doch etwas Unwiderstehliches zieht einen durch die von Lampen erhellte Dunkelheit den Berg hinauf, und man müht sich nicht allein, sondern ist Teil eines Menschenstroms. Heilige Gesänge, Sadhu-Rufe und der Duft von würzigen Chais erfüllen die Nachtluft, und mit der Müdigkeit steigt – wie die Seehöhe – die Stimmung. Das Ziel ist nah: Auf dem Gipfel des Adam's Peak in Sri Lankas üppiger Teeregion wartet Sri Pada, ein rätselhafter „heiliger Fußabdruck", der Gläubige zahlreicher Konfessionen anzieht. Sie kommen, um an dem heiligen Felsen zu beten und mit offenen Mündern zuzusehen, wenn der perfekt pyramidenförmige Berggipfel seinen Schatten bei Sonnenaufgang auf die dunstigen Ebenen im Westen wirft.

Mit 2.244 Metern ist der Adam's Peak zwar nur Sri Lankas fünfthöchster Berg, dennoch aber das erste Pilgerziel des Landes. Auf seinem Gipfel befindet sich ein Felsen mit einer länglichen Vertiefung, den sich einige Religionen als heiligen Fußabdruck zu eigen gemacht haben. Die früheren Singhalesen hielten den Berg für die Heimat Samans, eines Schutzgottes, der später als Bodhisattwa (Erleuchtungswesen) vom Buddhismus übernommen wurde. Die leuchtend gelben Schmetterlinge, die millionenfach um den Berg flattern, werden zu seinen Ehren Samanalayo genannt. Samans Hauptschrein befindet sich heute in Ratnapura, wo die anstrengendste Route auf den Berg beginnt. Ein weiterer Saman-Schrein bewacht den heiligen Fußabdruck auf dem Gipfel.

Buddhisten wiederum glauben, die sakrale Sohle stamme von Siddhartha Gautama. Es heißt, der Buddha sei während seines dritten Besuchs auf der Insel mit seinem linken Fuß auf Adam's Peak

gestiegen, um dann mit einem Schritt über den Golf von Bengalen zu steigen und den rechten Fuß in Thailand aufzusetzen. Dass der Abdruck eine Länge von rund 1,8 Metern hat, liegt daran, dass Buddha wahrscheinlich 10 Meter groß war.

Für Hindus war es Shiva, der den Fußabdruck hinterließ, als er tanzend die Welt erschuf, und für Christen der Apostel Thomas, der seinen Glauben als Erster nach Sri Lanka brachte. In einem Text aus dem 15. Jahrhundert dagegen wird die Behauptung aufgestellt, Pangu, der erste Mensch der chinesischen Mythologie, hätte sich hier mit seinem Fußabdruck verewigt. Auch dem Islam ist der Abdruck heilig: Der Prophet Adam soll hier auf einem Fuß gelandet sein, nachdem er aus dem Paradies geworfen worden war, und musste so eintausend Jahre stehen bleiben, um für seine Sünden zu büßen. Die Edelsteine, die man am Fuß dieses Bergs findet, sollen die Tränen Adams und Evas sein, als sie ihre Verbannung bitterlich beweinten.

Der Legende nach war es der vertriebene König Valagambahu im 1. Jahrhundert v. Chr., der den Fußabdruck entdeckte, als ihn eine Gottheit in Hirschgestalt hierherführte. Seit damals besuchen Pilger aller Glaubensrichtungen diesen Ort, darunter auch die großen Reisenden Ibn Battūta und Marco Polo. Tausende sind es heute, die Jahr für Jahr auf den Berg klettern. Die meisten von ihnen kommen während der Pilgersaison, die vom Dezember-Vollmond bis zum letzten Mai-Vollmond dauert, wenn das Wetter trocken und die Route von zahlreichen Lampen erleuchtet ist.

Vier Wanderwege sind es, die durch Teeplantagen und vorbei an buddhistischen Schreinen in die ungezähmte Wildnis des Berges führen und aus herausfordernden Streckenabschnitten ebenso bestehen wie aus langen Klettersteigen. Berghütten am Wegesrand – die Ambalamas – wurden errichtet, wo Pilger und Reisende rasten und essen können. Und überall entlang der Routen findet man Teestuben.

Endlich kommt der Gipfel in Sicht und mit ihm der kleine Tempel, der über dem Fußabdruck errichtet wurde. Gläubige fallen hier auf die Knie, legen ihre Stirn an den kühlen Fels und hinterlassen kleine Opfergaben in Form von Speisen, Geld und Silber. Manche schöpfen auch Regenwasser aus der heiligen Vertiefung, denn es soll heilende Kräfte haben. Draußen ist der Ausblick atemberaubend. Ganz Sri Lanka scheint sich vor einem auszubreiten – die Hügel des Zentralen Hochlands und in der Ferne das tiefe Blau des Indischen Ozeans. Es ist zweifellos ein Ort, an dem sich viele ihrem Gott – welcher immer es auch sein mag – näher fühlen.

| | |
|---|---|
| Was? | Heilige Stadt an einem der heiligsten Flüsse, zu dem die Hindus in Scharen strömen, um sich von Sünden reinzuwaschen |
| Wo? | Uttar Pradesh, Indien |

# VARANASI UND GANGES

DAS WASSER dieses Flusses kommt von weit her. Sein rastlose Fließen begann an den Hängen des höchsten Gebirges der Welt und führte Hunderte Kilometer weit über bewaldete Gebirgsausläufer, gepflügtes Ackerland, kleine Dörfer und überfüllte Pilgerzentren bis in die feuchtheißen indischen Ebenen. Jetzt ist dieser Fluss im heiligsten Ort des Hinduismus angekommen: Varanasi, Stadt des Lichts, der Legende nach von Shiva, dem Schöpfer und Zerstörer, gegründet. Nach Varanasi kommen die Gläubigen, um zu baden, denn sie glauben daran, dass das segensreiche Fließen ihre Sünde wegwäscht. Die reine Hoffnung, reiner zu werden. Die unreine Hoffnung, zumindest vorübergehend Reinheit zu erlangen.

Der Ganges – um genau zu sein: einer der Quellflüsse – entspringt im Gangotrigletscher und mündet nach einer Reise von mehr als 2.600 Kilometern im Golf von Bengalen. Es ist Indiens heiligste Wasserstraße, so verehrt, dass man ihr als erstem nicht-menschlichen Wesen dieselben Rechte garantierte wie einer Person. In den Augen des Gesetzes entspricht die Verletzung oder Verschmutzung des Ganges dem Missbrauch eines Menschen.

Für den Großteil der Inder ist der Ganges eine Göttin in Form von Wasser. Ganga wurde, so der hinduistische Mythos, vom Himmel auf die Erde beordert, um die Sterblichen zu reinigen. Sie aber zögerte und warnte, ihre Wassermassen würden die Welt zerschmettern. Einzig Shiva war in der Lage, die mächtige Göttin zu zähmen. Mit seinen Haaren milderte er den Aufprall der Wassermassen und ließ sie in sieben Strömen über die Erde laufen.

Varanasi, eine der ältesten Städte der Welt, erstreckt sich am linken Gangesufer. Eine Gründungslegende erzählt, hier seien Shiva und seine Frau Parvati gestanden, als die Zeit begann. Varanasi, auch

Pakistan
Varanasi
Indien

China
Nepal
Bhutan
Ganges
Bangladesch
Myanmar

*Kashi* – die Leuchtende – genannt, ist einer der heiligsten *Tirthas:* ein Ort des spirituellen Übergangs, an dem Menschen zum Göttlichen gelangen und Götter auf die Erde herabsteigen können. Auch das ist ein Grund für die Massen von Pilgern, die seit Jahrtausenden um Erlösung und Nirwana nach Varanasi strömen. Jeder Hindu hofft, wenigstens einmal in seinem Leben in die sündenreinigenden Fluten steigen zu können. Heilig ist Varanasi auch den Anhängern des Jainismus, während Buddhisten das nahe Sarnath verehren, wo Buddha nach seiner Erleuchtung erstmals predigte.

Varanasi ist ein chaotisches Durcheinander aus engen Gassen, Aschrams und Palästen, Ochsengespannen und Rikschas, Schmuckhändlern und Seidenwebern. Alle zehn Schritte, heißt es, würde man hier auf einen Tempel stoßen, wobei der heiligste von allen der Kashi-Vishwanath-Tempel mit seiner goldenen Kuppel ist. In ihm wird ein uralter *Lingam,* ein Symbol Shivas, das als Phallus interpretiert wird, verehrt. Um den Lingam einmal berühren zu können, stellen sich hier an bestimmten Feiertagen Hindus stundenlang an.

Das meiste jedoch spielt sich am Ganges selbst ab. Zahllose *Ghats* (Steinstufen oder Böschungen) führen an seinem Ufer zum Wasser. Hier verrichten Gläubige die *Puja* (Andacht), spielen Kinder mit Cricketbällen oder schlagen Purzelbäume, kauen uralte Männer an blutroten Betelnüssen, meditieren Yogis, waschen Frauen Saris in allen Farben des Regenbogens und singen langhaarige Sadhus ihre Mantras in die rauchgeschwängerte Luft. Hindus steigen über die Ghats in das heilige Wasser des Flusses, und Ghats führen zu zerfallenden Palästen und Tempeln. Auf ihnen werden ausgelassene Feste gefeiert und mit dem Tod gehandelt. Für Hindus ist Varanasi der verheißungsvollste Ort, um zu sterben, und manche der Ghats sind eigens für die Leichenverbrennung reserviert: Die Toten werden auf Scheiterhaufen verbrannt, sodass der Rauch in den Himmel steigen kann, bevor die Asche eingesammelt und im heiligen Wasser des Flusses ausgestreut wird.

Besonders stimmungsvoll ist es, wenn man in der Morgendämmerung an den Fluss kommt. Nach ein wenig Gefeilsche mit einem Schiffer treibt man den Ganges entlang, während die ersten Sonnenstrahlen Ghats und Tempel wärmen, zwischen denen Affen emsig herumhuschen. Unterbrochen wird die Stille nur von langsamen Ruderschlägen, Vogelzirpen und Glocken, die zu morgendlichen Ritualen rufen. Langsam erwacht die Stadt und ihr Kreislauf von Leben und Tod, Absolution und Befreiung beginnt von Neuem.

| | |
|---|---|
| Was? | Kolossaler Berggipfel, der vier Glaubensrichtungen als Zentrum des Universums gilt |
| Wo? | Autonomes Gebiet Tibet, China |

# KAILASH

DER WOLKENLOSE Himmel ist strahlend blau. Eine Yak-Herde klettert auf eine karge Bergkuppe, im Wind flattern bunte Gebetsfahnen. Ein Mann fällt zum x-ten Mal der Länge nach hin und wiederholt atemlos seine Gesänge. Im Zentrum all dessen steht er: Kailash, isoliert, unverkennbar, mächtig thront er einem aus Fels gehauenen Tempel mit schneeglänzender Kuppel gleich auf einem Plateau. Man zittert nicht nur aufgrund der kalten, dünnen Luft, sondern wegen dieses Anblicks. Der Kailash, physisch gewaltig und spirituell unvergleichlich, ist mehr als bloß ein Berg. Er ist ein Mandala, der Nabel des Universums, Ursprung von vier der größten Flüsse Asiens, Millionen von Menschen heilig und doch nur von wenigen besucht. Eine Pyramide der Kraft, ein nie bezwungener Gipfel, ein Auslöscher von Sünden. Ein Grund, zu erzittern …

Der 6.638 Meter hohe Kailash im Westen Tibets ist vierfach heilig. In der animistischen Bön-Religion ist er als neungeschossiger Palast bekannt, die vertikale Rinne an der Südseite gleicht dem alten Glückssymbol dieses Glaubens und er ist der Sitz der Himmelsgöttin Sipaimen und damit das Zentrum aller spirituellen Kraft.

Für Buddhisten – die den Berg Gang Rinpoche, Kostbares Schneejuwel, nennen – ist er die Heimat der tantrischen Gottheit Demchok und darüber hinaus jener Ort, an dem der Buddhismus den Bön überwand. Die Legende berichtet vom buddhistischen Meister Milarepa und dem Bön-Schamanen Naro-Bonchung, die einen magischen Wettkampf austrugen, um zu sehen, wer von beiden der Mächtigere ist. Keiner übertraf den anderen. Um die Sache ein für alle Mal aus der Welt zu schaffen, vereinbarten sie ein Wettrennen auf den Gipfel des Kailash. Während Naro-Bonchung auf einer Zaubertrommel den Berg hinauffuhr, meditierte Milarepa an seinem Fuß. Doch als der

Schamane fast oben angekommen war, überrundete ihn der Meister, indem er auf den Sonnenstrahlen dem Gipfel entgegenglitt.

In der Kosmologie des Jainismus heißt der Berg Astapada und war jener Ort, an dem der Rishabha, der Religionsgründer, das Nirwana erreichte. Für die Hindus wiederum ist der Kailash das Paradies und Shivas Zuhause, wo er seine Zeit damit verbringt, Yoga zu praktizieren und seine Frau Parvati zu lieben. Einige Traditionen sehen in dem Berg Shivas *Lingam* (Phallus) und in dem nahen saphirfarbenen Manasarovar-See Parvatis *Yoni* (Vagina oder Uterus).

Die Mythen mögen verschieden sein, doch alle Anhänger dieser Religionen wollen die mühselige Reise unternehmen. Das Dorf Darchen ist der Ausgangspunkt für den *Kailash Kora*, die rituelle Umrundung dieses Bergs, den Inbegriff des Spirituellen schlechthin. Die rund 52 Kilometer dieses Wegs überwinden viele innerhalb eines langen Tages, während andere dafür zwei bis drei Tage benötigen. Die Hartnäckigsten kriechen: Sie knien nieder, lassen sich nach vorne fallen und graben mit ihren Fingerkuppen in den Boden. Dann gehen sie wieder auf die Knie, sprechen ein Gebet, rutschen kniend bis zu der Stelle, wo sie vorhin mit ihren Fingern waren – und beginnen von vorne. Ein solcher Kailash Kora kann zwei, drei Wochen dauern. Wichtig ist die Richtung: Buddhisten und Hindus gehen im Uhrzeigersinn um den Berg, Jainas und Böns umgekehrt.

Im Buddhismus löscht ein Kailash Kora das schlechte Karma eines Lebens, zwölf löschen auch Sünden früherer Leben und 108 führen zur Erleuchtung. Die Pilger drehen Gebetsmühlen, ziehen an den Mani-Felsen vorbei, in die immer wieder Mantras gemeißelt wurden, an weitläufigen Ebenen mit Schafherden und an der rauen, spektakulären Szenerie. Unterwegs gibt es zahlreiche *Chörten* (tibetanische Schreine) und in den Fels gebaute Klöster, Felsen, von denen es heißt, sie trügen Milarepas Fußabdrücke, und Totenfelder. Hier vollziehen die Pilger einen symbolischen Tod, indem sie sich etwa in den Finger stechen, weil auch das das Karma verbessert.

Der höchste Punkt der Kailash Kora ist der 5.630 Meter hohe Drölma-La-Pass mit seinen unzähligen bunten Gebetsfahnen – blau für den Himmel, weiß für die Luft und den Wind, rot für das Feuer, grün für das Wasser, gelb für die Erde. Wer hier stirbt, heißt es, erreicht sofort das Nirwana. Doch wer überlebt, sollte etwas hinterlassen, ein Stück der Kleidung oder eine Gebetsfahne. Symbolisch jedenfalls entlässt man Ängste, Belastungen und Wünsche auf diese Weise in den Wind.

| | |
|---|---|
| Was? | Nordwestlichster Punkt Neuseelands, wo Ozeane aufeinandertreffen und die Māori das Jenseits betreten |
| Wo? | Nordinsel, Neuseeland |

## CAPE REINGA

DIREKT VOR dieser sturmumtosten Landspitze treffen Tasmansee und Pazifik aufeinander – ein klatschendes, wirbelndes, schäumendes und sprudelndes Spektakel, das diese beiden unterschiedlichen Strömungen hier veranstalten. Kein Wunder also, dass die Māori diesen Platz für den Eingang in die Unterwelt halten. Cape Reinga oder *Te Rerenga Wairua* – Absprungplatz der Geister – liegt fast am nördlichsten Ende Neuseelands. Zumindest hat man hier das Gefühl, sich an einem Endzeit-Ort zu befinden. Wellen krachen an den Felsen, Dünen bauschen sich auf, Seevögel kreischen und ein Leuchtturm warnt vor der Heimtücke der See, der bereits zahlreiche Schiffe zum Opfer gefallen sind. Und ein einsamer, von Wetter und Alter gebeugter Baum markiert jenen Platz, wo die Verstorbenen alle irdische Mühsal abwerfen.

Zu Beginn des 13. Jahrhunderts – als Dschingis Khan durch die Mongolei zog, die Inkas in Peru auftauchten und König Johann Ohneland in England die Magna Charta unterzeichnete – war Neuseeland ein unbekanntes, in den Weiten des Pazifik treibendes Nirgendwo, auf das noch kein Mensch seinen Fuß gesetzt hatte. Die Ersten, die es entdeckten, waren kühne polynesische Seefahrer – heute tragen sie den Namen Māori –, die hier um 1250 in ihren *Waka* (Kanus) landeten. Die Māori verfügen zwar über keine aufgeschriebene Geschichte, doch Generationen von Geschichtenerzählern haben ihre Mythen bewahrt. Es ist ein reicher Kanon mit dem Ansinnen, dieser seltsamen, zerklüfteten und fantastischen Inselgruppe einen Sinn zu verleihen.

Nach den Legenden der Māori standen am Beginn Ranginui, der Himmelsvater, und Papatuanuku, die Erdmutter. Sie lagen in einer engen Umarmung und bargen in der Dunkelheit zwischen sich ihre

zahlreichen Söhne. Eines Tages versuchten diese, ihre Eltern auseinanderzudrücken, um sich ein wenig Bewegungsspielraum und Licht zu verschaffen. Rongo, Gott der Landwirtschaft, versuchte es als Erster. Danach kamen Tangaroa, Gott der Meere, und Haumia, Gott der wilden Nahrung. Doch Ranginui und Papatuanuku rührten sich nicht vom Fleck. Nun mischte sich Tāne, Gott der Wälder und Vögel und der Stärkste aller Söhne, ein. Mit den Schultern an seiner Mutter drückte er seinen Vater mit seinen Beinen aus der Umarmung und trennte das Paar. Papatuanuku weinte bitterlich, und aus ihren Tränen entstanden Ströme und Flüsse. Irgendwann versiegten ihre Tränen, doch ihre Trauer blieb: Wenn der Dunst über den neuseeländischen Wäldern aufsteigt, sagt man, ist das Papatuanukus sehnsuchtsvolles Seufzen nach der Umarmung ihres Mannes.

Endlich frei, begann sich Tāne zu wundern, warum es außer seiner Mutter keine Frauen gab. Was er fand, waren nicht-menschliche weibliche Wesen, mit denen er Vögel und Pflanzen zeugte. Schließlich entschied er, sich eine Frau zu erschaffen. Dazu nahm er fette, rote Tonerde von Papatuanukus *Uha* (Genitalien), formte sie zu einer Frau, hauchte ihr Leben ein, nannte sie Hineahuone und zeugte mit ihr Hine-nui-te-pō. Und auch mit seiner Tochter hatte Tāne zahlreiche Nachkommen: die menschliche Rasse.

Irgendwann, viel Zeit war vergangen, begann Hine-nui-te-pō zu fragen, wer eigentlich ihr Vater sei. Eines Tages stellte sie diese Frage auch Tāne, der ihr sagte, dass er es selbst ist, wofür sich Hine-nui-te-pō so sehr schämte, dass sie davonlief und von Te Rerenga in die Unterwelt sprang. Ihre Kinder sollten fortan unter dem Schutz Tānes leben, sie selbst würde sich um sie im Jenseits kümmern.

Wenn Māori sterben, wird ein *Tangihanga*, eine Trauerzeremonie, abgehalten. Sie findet in einem *Marae*, einem zentralen Ort der Zusammenkunft, statt, der als *wahi tapu* – heilig – gilt. Der Leichnam wird in einem offenen Sarg aufgebahrt, bevor rund drei Tage lang die Trauernden von nah und fern anreisen, um zum Verstorbenen über dessen Vorzüge und Schwächen zu sprechen. Auch die Trauer findet ihren Ausdruck. Es wird geweint und gesungen und dem Toten gesagt, er solle nach *Hawaiki* zurückkehren, jene Unterwelt, aus der die Māori stammen und in die sie nach ihrem Tod zurückgehen, der Ort, an dem das Leben selbst entstand.

Nun macht sich der Geist des Toten auf die Reise in den Norden, schwebt die Küste entlang und passiert auch Waipoua Forest, wo Tāne Mahuta stehen, jene gigantischen Kauri-Bäume (Agathis australis), die ein Alter von schätzungsweise 1.250 bis 2.500 Jahre haben. Der Geist fliegt über den Ninety Mile Beach (der tatsächlich bloß 64 Meilen, also rund 100 Kilometer lang ist) bis an die Spitze des Cape Reinga. Über Te Aka, die Wurzel des hutzeligen Pohutukawa-Baums, der 800 Jahre alt sein soll, gleitet der Geist ins Meer, wo er unter *Te Ripo-a-Mauria-nuku,* die mächige Strömung am Zusammentreffen der beiden Ozeane, weiterreist. Die Strömung trägt ihn nach *Manawatawhi* (letzter Atemzug), die größte der mittlerweile unbewohnten Three Kings Islands. Einmal noch steigt er auf und wirft vom höchsten Punkt der Insel einen letzten Blick zurück auf die Welt, bevor er in die Tiefe taucht und sich unter den Schutz von Hine-nui-te-pō begibt.

Deshalb ist Cape Reinga der wichtigste spirituelle Ort für die Māori von Neuseeland, ein Ort der Verbindung mit alle jenen, die vor ihnen gegangen sind. Es ist untersagt, hier zu essen, und es wird um *toihu te whenua* gebeten – den Ort unbehelligt zu lassen. Auf den Wanderwegen, die sich die Küste entlangwinden, gibt es dennoch genug zu entdecken – nicht nur die spektakuläre Küste, sondern auch die verstreuten Reste menschlicher Siedlungen aus vergangenen Zeiten.

Wenn der Nebel über der Landschaft hängt und die Wolken niedrig stehen, behaupten alte Māori oft, ein seltsames, hohes Singen zu hören, das die Stille kaum zu durchbrechen imstande ist. Es ist der Klang der wandernden Geister. Andere Besucher, die auf dem harten Sand des Ninety Mile Beach in Richtung Cape Reinga unterwegs sind, mögen die Rufe der Ahnen vielleicht nicht vernehmen. Doch an besonders stürmischen Tagen, wenn die Brandung unter einem wütenden Himmel kocht, ist es nicht schwer, sich vorzustellen, dass die Unterwelt nur einen Sprung weit entfernt ist.

| | |
|---|---|
| Was? | Mächtiger Monolith in der Wüste, der eng mit den Traumzeit-Legenden verbunden ist |
| Wo? | Northern Territory, Australien |

## ULURU

TIEF ORANGEFARBEN erhebt sich der Uluru aus dem Outback, scheint fehl am Platz und doch das Zentrum von allem – eine enorme Anomalie inmitten der Ebene aus rotem Sand und Spinifexgräsern. Als wäre er vom Himmel gefallen oder aus dem Abgrund nach oben gestiegen oder ein einsamer, in einer Wildnis aus Gestrüpp, Schlangen und Kängurus kauernder Gigant. Man muss nur einmal versuchen, den Blick von ihm abzuwenden. Unmöglich. Dieser massige Felsen in Australiens Mitte ist unwiderstehlich, monumental, unvermeidlich – vor allem, wenn die untergehende Sonne seine rostfarbenen Flanken zum Glühen bringt. Dass die Aborigines den Felsen für heilig halten, verwundert nicht. Denn wie könnte dieses Ungetüm aus Sandstein auch nicht so alt wie die Zeit selbst sein?

Die Traumzeit ist für die indigenen Aborigines, die vor mehr als 40.000 Jahren nach Australien kamen, das mythologische Goldene Zeitalter. Sie ist der zentrale Begriff ihrer gesamten Kultur, ihres Glaubenssystems, ihrer Weltsicht. Traumzeit ist die Erschaffung der ersten Ahnen, sie ist die Morgendämmerung allen Wissens und die Schöpfung aller Regeln und Rituale, die das menschliche Überleben sichern. Nach den Traumzeit-Legenden war die Erde zu Beginn ein flacher, dunkler Ort, unter deren Oberfläche Wesen schliefen. Als sie erwachten, durchbrachen sie die Kruste des Planeten und gleichzeitig stieg die Sonne empor und brachte zum ersten Mal Licht. Diese Urzeitwesen – halb Mensch, halb Pflanze und andere Kreaturen – wanderten umher und während sie sangen, fischten, jagten und starben, schufen sie Berge, Flüsse, Wüsten und Bäume. Sie ließen Wallabys und Eidechsen, Adler und Ameisen, Feuer und Wasser, den Mond und die Sterne entstehen. Und sie erschufen auch die Menschen. Als dieses Werk getan war, kehrten sie

in die Erde zurück und fielen, müde vom Erschaffen der Welt, wieder in tiefen Schlaf.

Uluru ist ein Traumzeit-Werk dieser Ahnenwesen und vielleicht ihr eindrucksvollstes Vermächtnis. Der Fels ist über 1,6 Kilometer breit, mehr als 3,2 Kilometer lang und rund 350 Meter hoch, wobei sich – wie bei einem Eisberg – die doppelte Höhe unter der Erdoberfläche verbirgt. In einer Traumzeit-Legende heißt es, der Uluru sei Schicht um Schicht entstanden, als zwei Knaben im regenfeuchten Schlamm gespielt haben. Eine andere besagt, er sei der Überrest eines großen roten Kängurus, das die mächtige Regenbogenschlange ausgespien hat, weil das Tier zu alt und zu zäh war, um verdaulich zu sein. Und wieder eine andere Legende erzählt von einer blutigen Schlacht zwischen zwei alten Stämmen, über die sich die Erde so sehr grämte, dass sie sich aufbäumte und zum Uluru wurde.

Traditionell ist das Land, das heute den Uluru-Kata-Tjuta-Nationalpark umfasst, jenes des Anangu-Volks. Sie bitten darum, den Uluru nicht zu besteigen. Einerseits, weil es ein schwieriger, gefährlicher Aufstieg ist, andererseits aufgrund der Bedeutung, den der Fels für sie hat. Tatsächlich gibt es selbst unter den Anangu nur einige ältere Männer, die den Aufstieg wagen dürfen. Stattdessen sollte man den Felsen umrunden, ein Weg von rund 10 Kilometern, auf dem man unerwartete Risse, Brüche und Spalten in diesem massiven Felsen entdecken kann. Das sind Male, sagen die Anangu, die eine bunte Truppe mythischer Figuren hinterlassen hat. Zu ihr zählen die Schlangen Liru und Kuniya, das Zottel-Hasenkänguru und Kurpannga, der Geister-Dingo.

Eine Wanderung um den Uluru lässt auch die Kultur der Aborigines besser begreifen. Als die Ahnenwesen in der Traumzeit durch das Land wanderten und es gestalteten, schufen sie Traumpfade oder *Songlines* zwischen den neu geformten Strukturen. Dieses Netzwerk aus heiligen Pfaden brachte die *Walkabouts* hervor, eine Tradition, die die Aborigines bis heute leben. Jedes Jahr zu bestimmten Jahreszeiten machen sich Aborigines entlang der uralten Songlines auf den Weg, singen ihre Lieder, erzählen ihre Geschichten und tanzen, um die alten Legenden heraufzubeschwören. Diese Gesänge und Erzählungen sind ihre Landkarten, da sie Richtungen für die nirgendwo markierten Routen beinhalten. Von Generation zu Generation wurden die Songlines weitergegeben, sodass selbst heute Aborigines in jenen Fußstapfen wandern können, die ihre Ahnen vor Jahrmillionen gesetzt haben.

| | |
|---|---|
| Was? | Tiefer Kratersee, der von dem indigenen Volk der Klamath als heilige Stätte verehrt wird |
| Wo? | Oregon, USA |

## CRATER LAKE

IN STEILEN Serpentinen verläuft der Weg zwischen Tannen, Fichten und Kiefern an der Klippe entlang in die Tiefe. Da und dort erlauben die Äste einen kurzen Blick auf das tiefste Blau, das man je gesehen hat: Crater Lake, dessen reines Wasser in seiner Bergschale glitzert. Heute ist der Cleetwood Cove Trail der einzige Weg zum Ufer dieser mit Wasser gefüllten Caldera. Doch zwischen Vogelgezwitscher und während das Gefälle an den Knien zerrt, denkt man vielleicht an das indigene Volk der Klamath, die sich hier früher einer weit gefährlicheren Aufgabe stellten: Sie rannten die Felswände der Caldera zum See hinunter, und wer ohne hinzufallen bis nach unten kam, dem wurden mächtige spirituelle Kräfte attestiert. Für die Klamath war Giiwas, wie sie diesen rätselhaften See nennen, verehrt und gefürchtet, ein gefährlicher und furchteinflößender, aber auch ein bedeutender Ort.

Vor rund 7.700 Jahren brach der Mount Mazama mit einer enormen Eruption aus. Mit erschreckender Kraft schoss dieser hohe Schichtvulkan im Kaskadengebirge riesige Säulen aus heißen Gasen und Vulkangestein hoch in die Luft. Asche und Bims fielen zurück auf die Erde und bedeckten sie in einem Umkreis von über 1.500 Kilometern. Danach fiel der Mount Mazama in sich selbst zusammen und sein Gipfel, mühsam durch Lavaablagerungen über einen Zeitraum von einer halben Million Jahre aufgebaut, verschwand innerhalb von Tagen. Was blieb, war ein Loch, das sich mit Regen- und Schmelzwasser bis zu einer Tiefe von 600 Metern füllte. Der Crater Lake war entstanden.

So beschreibt die Wissenschaft die Geschichte. Das Volk der Klamath, deren Ahnen im Kaskadengebirge Oregons bereits vor dem Ausbruch des Mazama lebten, erzählen etwas ganz anderes. In

# Crater-Lake-Nationalpark

ihren Legenden ist von Llao, dem Häuptling der Unteren Welt und Geist der Berge, die Rede. Während er eines Tages übers Land blickte, fiel ihm die Tochter eines lokalen Stammeshäuptlings ins Auge und er verliebte sich in sie. Er versprach ihr ewiges Leben, wenn sie mit ihm in die Unterwelt gehen würde. Das Mädchen wies ihn ab, was Llao in große Wut versetzte. Er brach aus dem Berg hervor, spie Feuer und Zorn und drohte, das Volk des Mädchens vom Erdboden zu löschen.

Es gab jedoch auch Skell, Häuptling der Oberen Welt und Geist des Himmels. Er hatte Mitleid mit den Menschen und machte sich auf, sie zu verteidigen. Skell nahm seine Position am Mount Shasta am südlichen Ende des Kaskadengebirges ein und die donnernde Schlacht der beiden Geister begann. Brennende Felsen groß wie Berge wurden hin und her geschleudert, die Erde bebte, rotglühende Schmelze floss über die Hänge und die Menschen flohen in Furcht und Schrecken. Zwei heilige Männer boten an, sich zu opfern und in den Feuerschlund zu springen, doch Skell gelang es, Llao in den Mazama zurückzudrängen. Am Tag darauf war der Berg verschwunden. Alles, was blieb, war ein großes Loch, das ein sintflutartiger Regen mit Wasser füllte. Der Crater Lake war entstanden.

Gleichgültig, welcher Geschichte man den Vorzug gibt: Dieser erstaunliche See inspiriert, berührt, hypnotisiert. Man kann seine Entstehung heiligen Geistern zuschreiben, eine Art „Geo-Frömmigkeit" empfinden und der mächtigen Kraft der Natur huldigen, man kann auch einfach diese überwältigende Schönheit, die einen fast erschlägt, bewundern.

Dass der Crater Lake etwas ganz Besonderes ist, blieb nicht lange verborgen. Bereits 1902 unterzeichnete Präsident Roosevelt ein Dokument, mit dem der See zum sechsten Nationalpark der USA erklärt wurde. Es ist der tiefste See des Landes, einer der tiefsten der Welt und einer der klarsten, da weder Zu- noch Abflüsse das Wasser mit Sedimenten verunreinigen. Leer ist der Crater Lake dennoch nicht. Angeblich liegt hier ein großer Krebs, ein niedriger Geist und Nachfolger Llaos, auf der Lauer. Das riesige Monster mit seinen extrem langen Scheren kann ahnungslose Seelen vom Kraterrand pflücken und sie mit sich in den tiefen dunklen Abgrund ziehen ... Weit weniger heimtückisch ist da der Old Man of the Lake, ein ausgebleichter, weißer Tannenstamm, der seit mehr als hundert Jahren aufrecht im See treibt. Lebhaft und ungebunden schwimmt der Old Man mit dem Wind im See herum, manchmal sogar mehrere Kilometer an einem einzigen Tag.

Schwimmer seien gewarnt: Der Crater Lake ist ziemlich kalt. Wer also in Badekleidung über den Wanderweg hinunter zum Cleetwood Cove geht, sollte vorbereitet sein. Gleich nach dem Steg gibt es einen Felsen, von dem man ins Wasser springen kann. Die meisten schaffen dann gerade ein paar erfrischende, seelenreinigende Minuten. Die Klamath tun es ebenfalls, allerdings bei Nacht, um vielleicht auf jene übernatürlichen Wesen zu treffen, die sie unter Wasser vermuten.

Eine andere Möglichkeit ist, am Steg im Cleetwood Cove das Boot nach Wizzard Island zu nehmen. Dieser kleine, symmetrische Fels aus vulkanischem Treibgut, der hier in der Caldera schwimmt, ist ein von Lavagestein umgebener Schlackenkegel, der im Zuge des Vulkanausbruchs entstanden ist. Es könnte aber auch, zumindest lautet so die Legende, der abgetrennte Kopf von Llao sein. Skell soll ihn seinem Widersacher abgeschlagen und dann dessen Kindern zu essen gegeben haben. Manche sagen deshalb auch, der See sei durch die Tränen von Llaos Kindern entstanden, als sie begriffen, wessen Fleisch sie da gegessen hatten.

Nur im Sommer gibt es einen Bootsverkehr zum Wizzard Island. Dann kann man auf der Insel Wanderungen unternehmen, zwischen Tannen und weißstämmigen Kiefern umherstreifen und auf den Gipfel der Insel klettern. Von dort sieht man den fast kreisrunden Kraterrand am besten – es ist wie eine geologische Umarmung, und unter seinen Füßen kann man der Macht der Geister nachspüren.

| | |
|---|---|
| Was? | Dominierender, in Schöpfungslegenden zentraler, schlafender Vulkan |
| Wo? | Big Island, Hawaii, USA |

# MAUNA KEA

HIER OBEN, auf diesem weitgespannten, hochaufragenden Berg, scheint der Himmel zum Greifen nah. Ein solches Aufgebot an Sternen hat man noch niemals gesehen – als hätte jemand leuchtenden Flitter vor einem tintenschwarzen Hintergrund ausgestreut. Sternbilder flackern, die Milchstraße blitzt, Sternschnuppen rasen dann und wann über den Himmel. All diese Sterne, all diese fernen Erinnerungen des Universums. Dabei weiß man, dass es bloß leuchtende Gaskugeln sind, zusammengehalten von ihrem eigenen Magnetismus, vor zig Millionen Jahren bereits verloschen. Der Magie dieses Himmels nimmt das Wissen um die astronomische Realität aber nichts. Es ist vollkommen nachvollziehbar, dass die Ureinwohner Hawaiis, als sie oben auf den schlackenverkrusteten Hängen des Mauna Kea standen, dachten, sie wären in das Reich der Götter eingedrungen. Hoch über dem Ozean, den Kopf fast im Himmel: Es ist ein Ort, um sein persönliches *Mana* – die transzendente Kraft – zu finden und der Verbindung zwischen Himmel und Erde nachzuspüren.

Der mächtige Mauna Kea erhebt sich 4.207 Meter über dem Meeresspiegel und ist damit der höchste Punkt der Inselkette von Hawaii. Sein Name bedeutet „Weißer Berg" und bezieht sich auf die hauchdünne Schneedecke, die sich hier im Winter bilden kann. Das jedoch ist nur der halbe Berg. Von seiner Basis am Grund des Pazifik bis zu seinem himmelhohen Gipfel misst der Mauna Kea mehr als 10.000 Meter, womit er selbst den Mount Everest überflügelt und was ihn zum höchsten Berg auf diesem Planeten macht.

Geologisch betrachtet ist der Mauna Kea – er ist einer der fünf Hotspots, aus denen Big Island besteht – ein Kleinkind, da er erst vor rund einer Million Jahren entstand. Eine massive submarine

Eruption verursachte enorme Lavaströme, die aus dem Meeresboden aufstiegen und sich nach und nach übereinander schoben und so den gewaltigen Mauna Kea schufen. Die ersten Menschen – abenteuerlustige Polynesier in ihren seetüchtigen Kanus – kamen erst vor rund 1.500 Jahren auf die Insel. Es ist weiter kaum überraschend, dass dieser massige Hügel mitten im blauen Meer ihre Aufmerksamkeit erregte und zu einem wesentlichen Teil ihrer Schöpfungslegenden wurde.

Ursprünglich gab es von diesen Mythen keine schriftlichen Aufzeichnungen, sondern lediglich mündliche Überlieferungen. Eine Version war der *Kumulipo* (was mit „Anfang in tiefer Dunkelheit" übersetzt wird), ein historischer *Mele Oli* (Liedepos) mit mehr als 2.000 Zeilen, der von der Schöpfungsgeschichte der Ureinwohner von Hawaii erzählt, aber auch Hinweise auf soziale Strukturen und die Genealogie der Häuptlinge liefert. Zum ersten Mal niedergeschrieben und gedruckt wurde dieses Lied im 19. Jahrhundert.

Vor langer Zeit, so eine Legende, blickte Wakea, der Himmelsvater, hinunter und betrachtete die Schönheit von Papahanaumoku, der Erdenmutter. Er sah den Ozean sanft um ihren Körper fließen und biolumineszente Meeresbewohner wie Sterne funkeln. Die beiden vermählten sich und wurden zum uranfänglichen Elternpaar: Ihre Liebe ließ alle Dinge entstehen, auch die Inseln von Hawaii und deren Berge, die sie mit *Leis* (die traditionellen, zur Begrüßung überreichten Blumengirlanden) aus Wolken und Gischt umkränzten. Big Island war ihr *Hiapo* (ältestes Kind), Mauna Kea dessen Nabel. Deshalb ist der Vulkan für die Einwohner Hawaiis nicht einfach ein Vulkan, sondern ein *Kupuna* (eine Ahne) – der Berg ist das Zentrum jeglicher Existenz, die Nabelschnur, die das Land mit den Göttern verbindet.

Vier Gottheiten sollen auf dem Mauna Kea residieren: die Schneegöttin Poli'ahu, Lilinoe, die den Dunst kontrolliert, Waiau, der Engel des Wassers im Untergrund, und Ka-houpo-o-Kane, der die Quellen repräsentiert. In einer der Legenden wird von Poli'ahu erzählt, die eines Tages am Osthang Schlitten fuhr und von einem Fremden zu einem Rennen herausgefordert wurde. Poli'ahu schlug den rätselhaften Gegner zweimal, doch beim dritten Rennen stoppte er die Schneegöttin mit flüssiger Lava und gab sich als Vulkangöttin Pele zu erkennen. Poli'ahu sauste daraufhin den Berg hinauf und bedeckte den feurigen Fluss mit frischem Schnee. Noch heute heißt es, Pele regiere über die beiden aktiven benachbarten Vulkane

Kilauea und Mauna Loa, während Poli'ahu die Herrschaft über den schlafenden Mauna Kea hat.

Mauna Kea kocht und brodelt zwar nicht wie andere Vulkangipfel auf Hawaii, doch die Hänge des Bergs wirken dennoch seltsam fremdartig. Die indigenen Hawaiianer betrachten den Berg auch tatsächlich als einen abgeschiedenen Ort, den sie mit Ehrfurcht und Vorsicht behandeln. Die Welt, sagen sie, ist in *Wao Kanaka* und *Wao Akua* geteilt, in einen Bereich der Menschen und einen der Götter und Geister. Der Gipfel des Mauna Kea ist Wao Akua und daher kein Ort, den man ohne Ziel und Zweck betritt. Er ist ein Haus der Andacht, das nicht von Menschen, sondern von Göttern geschaffen wurde und von den Gesetzen des Himmels regiert wird. Der Mauna Kea wirkt mit seiner spärlichen und widerstandsfähigen Tundra, dem schwarzen Basalt, den Schlackenwüsten und den oft beißend kalten Winden tatsächlich, als wäre er gar nicht von dieser Welt.

Verstreut über den ganzen Mauna Kea findet man denn auch besondere *Wahi Pana: Wahi* bedeutet Platz oder Ort, *Pana* bedeutet Puls – die heiligen Plätze sind also de facto lebende Orte. Es gibt dort *Haiau* (Tempel), *Lele* (Altäre) und Begräbnisplätze, für die die Hawaiianer besonders um Ruhe und Respekt ersuchen. In diesem Zusammenhang werden Besucher auch gebeten, nicht bis ganz nach oben zum Schlackenkegel zu wandern, der eigentlich der Gipfel des Mauna Kea ist.

Weit weniger spirituell sind die sogenannten „Golfbälle" auf dem Mauna Kea, die kugelförmigen Observatorien, die sowohl die Höhe als auch den trockenen, klaren Himmel über dem Vulkan nutzen, um mehr über das Universum herauszufinden. Schließlich ist das einer der besten Orte der Welt, um die Sterne zu beobachten. Manche schätzen diese hoch gelegenen wissenschaftlichen Stationen, andere verabscheuen sie. Wie immer man das auch sieht: Immerhin stellen sie sicher, dass dieser Berg auch weiterhin eine Verbindung zwischen der Menschheit und dem Himmel bleibt.

| | |
|---|---|
| Was? | Enormer magmatischer Fels in der Prärie, der der indianischen Bevölkerung der USA heilig ist |
| Wo? | Wyoming, USA |

# DEVILS TOWER

INMITTEN DIESES endlosen, wogenden Graslands und vor dem Hintergrund tiefgrüner Gelb-Kiefern taucht er unversehens auf: ein merkwürdiger Koloss, der ansatzlos in der Prärie aufragt. Der Devils Tower ist in jeder Hinsicht eine Kuriosität, ein Schnittpunkt, wo sich Wissenschaft, Science-Fiction und Spiritualität treffen. So genau wissen die Geologen nicht, was sie mit ihm anfangen sollen und wie dieser magmatische Eindringling entstanden ist. UFO-Fans sind überzeugt, dass es sich hier um eine Signalstation für Aliens handelt (was, sieht man an den Flanken dieses Ungetüms hinauf, nicht so weit hergeholt scheint). Am meisten aber bedeutet er den jahrhundertelang in den Great Plains umherwandernden indigenen Völkern. Für sie ist dieser Felsen ein heiliger Ort, der sie unauflöslich mit ihren Ahnen, ihrer Kultur und der Natur verbindet.

Ein erstaunlicher Anblick ist dieser 386 Meter hohe, aufrecht stehende Monolith in der Nähe der Black Hills in Wyoming allemal. Bei genauer Betrachtung sieht man, dass es sich dabei weniger um einen einzigen Felsen als vielmehr um ein riesiges Bündel aus Felsen handelt: Hunderte sechseckige Säulen, die sich eng zu einem Pulk zusammendrängen. Während die Geologen zwar über Details streiten (ist er der Rest eines längst verschwundenen Vulkans oder doch das Relikt einer lakkolithischen Ausbuchtung?), sind sie sich generell darüber einig, dass dieser Felsturm vor rund 55 Millionen Jahren entstand, als eine große Menge Magma in die Erde gedrungen ist. Die natürliche Erosion hat dieses rissige Herz mit der Zeit freigelegt, es einsam und entblößt auf der Prärie zurückgelassen.

Eine völlig andere Geschichte über die Entstehung des Devils Tower erzählen die vielen Stämme der Prärie, darunter die Lakota, die Arapaho, die Cheyenne, Shoshone und Absarokee. Eine Legende

dreht sich um sieben junge Mädchen, die beim Spielen im Wald einem gigantischen Bären begegneten. Die Mädchen rannten um ihr Leben, doch der Bär war knapp daran, sie einzuholen. Voller Angst und Verzweiflung sprangen die Mädchen auf einen niedrigen Felsen und begannen inbrünstig zu beten: „Fels, erbarme dich unser. Fels, rette uns." Der Große Geist antwortete umgehend: Der Fels begann zu wachsen, trug die Mädchen höher und immer höher bis in den Himmel. Der Bär, rasend vor Wut, versuchte ihnen zu folgen, richtete sich auf und schlug mit seinen mächtigen Krallen tiefe Furchen in den Stein. Doch er konnte die Mädchen nicht mehr erreichen, denn der Fels wuchs, bis sie in der Sicherheit des Himmels angekommen waren, wo sie sich in das Sternbild der Plejaden verwandelten. Für die Lakota ist der Devils Tower daher die Bear Lodge.

Es sind vor allem die Lakota, die mit diesem Ort verbunden sind. Die Black Hills sind das Zentrum ihrer Schöpfungsmythen und die Bear Lodge war jener Punkt, an dem sie fasteten, beteten und Gaben für die Götter darbrachten. Schamanen vollzogen hier Reinigungsrituale und andere kamen auf der Suche nach Visionen und spiritueller Führung hierher. In einer Lakota-Legende wird von einem Krieger erzählt, der sich zur Visionssuche am Fuß des Felsen niedergelassen hat. Plötzlich fand er sich ganz oben am Felsen wieder und hatte keine Ahnung, wie er wieder hinunterkommen sollte. Also betete er zum Großen Geist, bevor er in einen tiefen Schlaf fiel. Als er erwachte, war er auf den Boden zurückgekehrt. Es heißt auch, die Lakota hätten die White Buffalo Calf Pipe, das heiligste Objekt dieses Volks, bei der Bear Lodge erhalten. Traditionell wurde sie in einer verborgenen Felsspalte an der Nordflanke des Turms aufbewahrt.

Nach wie vor vollziehen viele Stämme ihre Rituale beim Devils Tower. Rund um den Felsen findet man deshalb bunte Stofffetzen an die Äste der Bäume gebunden. Es sind Gebetsgaben, die die Verbundenheit mit diesem Ort symbolisieren, die aber auch wie ein Widerhall aller Farben der Natur wirken. Der Felsturm, der 1906 zum ersten United States National Monument erklärt wurde, befindet sich inmitten eines Nationalparks mit enorm vielfältiger Flora, darunter Weißes Katzenpfötchen, blaue Hasenglöckchen, purpurfarbener Ackersenf und scharlachrote Kugelmalven. Die eindrucksvollsten Farben jedoch entstehen, wenn die letzten Sonnenstrahlen des Tages den Felsen in ein leuchtendes Rot tauchen und er tatsächlich aussieht, als wären eben Außerirdische gelandet.

| | |
|---|---|
| Was? | Von Magie durchdrungene Bucht mit Totempfählen der First Nations |
| Wo? | Haida Gwaii, British Columbia, Kanada |

## S'GANG GWAAY

MIT GESCHLOSSENEN Augen lauschen. Der Wind raschelt in den Blättern, Äste knacken und das glasklare Wasser kitzelt den Kies. Doch das Weinen hört man nicht. S'Gang Gwaay, der Name, den die Haida diesem abgelegenen Ort gegeben haben, bedeutet Jammernde Insel. Es heißt, der Wind würde durch ein Felsloch blasen und den Klang einer weinenden Frau erzeugen. Gerade jetzt heult hier niemand, rundherum nur Stille, in der Kummer und Spiritualität dick wie Moos an den Bäumen hängen. Das in eine waldige Bucht geschmiegte Dorf ist seit langem verlassen und scheint dennoch von Geistern zu wimmeln. Auch wenn Gras und Unkraut die verrottenden Ruinen überwuchern und die Totempfähle einer nach dem anderen umfallen, bleibt hier eine unerschütterliche Verbundenheit zwischen diesem Land und den Menschen, die es einst ihr Zuhause nannten, bestehen.

Haida Gwaii, ein Archipel aus rund 200 Inseln jenseits der Hecate-Straße vor dem Festland von British Columbia, war über Jahrtausende von Menschen bewohnt. Vor bereits über 8.000 Jahren, so nimmt man an, haben sich die Haida, ein Volk der kanadischen First Nations, hier angesiedelt. Geprägt vom schroffen, rauen Terrain der Inseln mit ihren Wäldern voller Wild und dem fischreichen Ozean, sammelten die Haida Nahrung und Heilkräuter, fischten, was sie benötigten, und fällten ausgewählte Bäume, aus denen sie Kanus, Unterkünfte und Kunstwerke schufen. Sie wussten, dass ihr Überleben vom pfleglichen Umgang mit diesen kostbaren natürlichen Ressourcen abhing. Also lebten sie in Harmonie mit ihrer Umwelt und betrachteten sich weniger als Besitzer, sondern eher als Verwalter des Landes. Diese Weltsicht, der Respekt vor allem Lebendigen, wurde *Yah'guudang* genannt. Die Haida waren untrennbar mit ihren

Geistern und der Natur verbunden und begriffen, dass sie die Verantwortung dafür trugen, die Umwelt für künftige Generationen zu schützen.

Auf dem Höhepunkt ihrer Kultur lebten hier 14.000 Haida. Doch als ab dem späten 18. Jahrhundert immer mehr europäische Siedler einwanderten, sank ihre Zahl und 1915 gab es nur noch 588 Haida. S'Gang Gwaay im äußersten Südwesten der Inselgruppe ist in der Tat ein tragischer Fall, da das Dorf nach einer verheerenden Pockenepidemie verlassen wurde. Ein Besuch ist gerade deshalb besonders ergreifend. Wenn man das alte Langhaus unter dem Moos verrotten und die Totempfähle in den unterschiedlichen Stadien des Zerfalls sieht, dann gibt das einen guten Hinweis auf die Verbundenheit der Haida mit dem Land und auch auf den Überlebenskampf der anderen First-Nations-Völker. Heute steht S'Gang Gwaay, das man auch als Ninstints kennt – es ist der Name eines mächtigen Häuptlings im 19. Jahrhundert –, aufgrund seiner kulturellen Bedeutung und der meisterhaften Totempfähle auf der UNESCO-Welterbeliste. Da die Haida keine Schriftkultur haben, waren es diese heiligen Pfähle, die vieles festhielten: ererbte Rechte und sozialen Status, aber auch Mythen mit übernatürlichen Geschöpfen. In die aus mächtigen Zedernstämmen geschnitzten Totempfähle waren meistens auch Wappen eingeritzt, die einen Schlüssel zur Hierarchie der Haida boten.

Die Haida waren traditionell in zwei *Moieties* (Gruppen) eingeteilt: Raben – listenreiche Halunken, von denen es heißt, sie hätten die ersten Menschen aus Muschelschalen freigelassen – und Adler, die für Loyalität, Stärke und Mut bekannten spirituellen Führer. Diese beiden Gruppen unterteilten sich wiederum in zahlreiche Linien, deren jede ihr eigenes Wappen hatte. Fast siebzig solcher Wappen gibt es, die sich alle natürlicher Formen bedienen – Wale und Biber, Haie und Uhus. Darüber hinaus hatte jede dieser Linien ihre eigenen Mythen, Tänze und Lieder sowie ihre bestimmten Rechte auf die Ressourcen der Natur, also auf Fischreviere, Vogelkolonien und Jagdareale. Ein Rabe musste immer einen Adler heiraten, wobei die mütterliche Abstammungslinie bestimmend war.

Die meisten der Totempfähle in S'Gang Gwaay sind dem Totenkult gewidmet und wurden für die wichtigsten Mitglieder einer Gemeinschaft errichtet. In einem Hohlraum am oberen Ende wurde ein Behälter mit der Asche des Verstorbenen aufbewahrt, die man hier ein Jahr nach dessen Tod platzierte. Begleitet wurde die

Errichtung eines Totempfahls immer durch einen *Potlatch*, ein Fest, bei dem rituell Geschenke verteilt wurden. Das Wort stammt aus der Sprache der Nuu-chah-nulth und bedeutet verschenken oder hergeben, wobei Besitztümer nicht nur verschenkt, sondern auch zerstört wurden, um den Reichtum und die Großzügigkeit des Schenkenden zu zeigen. Auf diese Weise wurde der Zusammenhalt in der Gemeinschaft gefördert, aber auch der Status Einzelner aufgewertet.

Die Pfähle wurden nicht für die Ewigkeit geschaffen. So wollten es die Haida. Während einzelne Totempfähle in den 1950er-Jahren in Museen kamen (was man teilweise durchaus kontrovers betrachtete), überließ man jene, die zurückblieben, den Flechten und dem Heidekraut, die sie langsam schwinden lassen.

Um nach S'Gang Gwaay zu gelangen, muss man ein Boot nehmen. Es fährt die wilde, unberührte Küste Haida Gwaiis entlang, gleitet über ein von Seelöwen und Walen geradezu wimmelndes Meer und wird von Weißkopfseeadlern begleitet. Wenn man ankommt, wird man von einem Haida-Wächter in Empfang genommen. Diese First-Nations-Führer wandern mit Besuchern durch den großen, grünen, uralten Wald bis zu der stillen, kleinen Bucht, singen Lieder und erzählen die alten Geschichten, die mit dieser Landschaft verbunden sind. Lediglich ein Dutzend Besucher ist für eine solche Tour zugelassen, was den Aufenthalt zu einer besonders intimen Begegnung mit dieser Kultur werden lässt. Denn die Abwesenheit der Lebenden macht es einfacher, die Gegenwart der Verstorbenen zu spüren.

| | |
|---|---|
| Was? | Rätselhafte prähistorische Stadt, die man für die Wiege der mesoamerikanischen Zivilisation hält |
| Wo? | Bundesstaat México, Mexiko |

## TEOTIHUACÁN

TEOTIHUACÁN – Wo man zu einem Gott wird. Das ist der Name, den die Azteken dieser mysteriösen, seit langem verlassenen Stadt gaben, als sie ihre Ruinen im Tal von Mexiko fanden. Ein großes Wort, das man jedoch bei näherer Betrachtung der unglaublichen Größe Teotihuacáns für nicht ganz unberechtigt hält. Man fühlt sich eingeschüchtert da oben auf der Mondpyramide mit Blick auf die riesige Sonnenpyramide zur Linken und die kerzengerade Straße der Toten, die in der flirrenden Hitze zu verschwinden scheint. Von hier oben sehen die herumschwirrenden Touristen aus wie Ameisen, klein gemacht von der schieren Größe der Stadt. Und dabei ist das, was noch sichtbar ist, bloß ein Teil der ursprünglichen Anlage. Es ist eine bewundernswerte Stadtplanung mit Wegen, Plätzen und Tempeln, die zueinander in einer geradezu überirdischen geometrischen Präzision liegen. Von hier oben aus betrachtet könnte man fast glauben, Teotihuacán würde am Rande des Göttlichen liegen.

Teotihuacán, rund 50 Kilometer nordöstlich von Mexico City, ist ein archäologischer Sonderfall, vielleicht sogar gerade deshalb, weil so enorm viel bislang ungelöst ist. Wer diese Stadt errichtet hat, und vor allem wann und warum, das ist nach wie vor ein Rätsel. Um 100 v. Chr. (vielleicht jedoch auch früher) soll hier eine Siedlung entstanden sein, wobei die ersten dieser eindrucksvollen Bauten ab dem 1. Jahrhundert n. Chr. errichtet wurden. Damit begann sich Teotihuacán zur großartigsten Stadt Mesoamerikas zu entwickeln, wobei zu ihrer Glanzzeit um 450 rund 80.000 Menschen (manche sagen, mehr als 200.000) hier gelebt haben.

Bloß ein Jahrhundert später begann ihr Verfall, und viele der Gebäude wurden geplündert und niedergebrannt. Manche Historiker

Mondpyramide
Plaza
de la Luna
Sonnenpyramide
Straße
der Toten
Tempel des
Quetzalcoatl

machen dafür eine Invasion von außen verantwortlich, andere einen inneren Aufstand, verursacht durch die hungernde Bevölkerung, die die Elite stürzte. So oder so wurde die Stadt aufgegeben, ihre prachtvollen Anlagen den Elementen überlassen, und im Laufe der Zeit verlor sich auch ihre Identität.

Der Einfluss Teotihuacáns auf nachfolgende Kulturen war ungeachtet ihres verfallenen Zustands gewaltig. Für die Azteken etwa, die ein Jahrtausend nach der Blütezeit der Stadt auftauchten, war sie nicht bloß ein heiliger Ort, sie war der Ursprung aller Zivilisation. Entsprechend ihren Legenden entzündete der alte Feuergott Huehueteótl genau hier ein riesiges Feuer, in das zwei andere Götter sprangen, um die „fünfte Sonne" zu erschaffen, womit unser Zeitalter begann. Vieles aus der Ikonografie der Stadt wurde von den Azteken übernommen, und Moctezuma, ihr Herrscher, unternahm während seiner Regierungszeit zahlreiche Wallfahrten nach Teotihuacán.

Teotihuacán scheint von einer höheren Macht geplant worden zu sein – oder wenigstens von einer Zivilisation im Einklang mit dem Universum. Die Stadt ist in einem Quadratraster in nordsüdlicher Ausrichtung angelegt, allerdings mit einer Abweichung von 15' 30° in östlicher Richtung, was sie mit einem heiligen Sonnenkalender verknüpft.

Das Zentrum der Stadt ist die Sonnenpyramide, die um 200 fertiggestellt wurde und die drittgrößte Pyramide der Welt ist: Ihre Basismaße von 215 Quadratmetern stimmen fast genau mit jenen der ägyptischen Cheops-Pyramide überein, wobei sie mit einer Höhe von „nur" 65 Metern doch deutlich kleiner ist als jene. Der aus Erde und Lehmziegeln errichtete Bau war mit Kalkputz und mit Malereien in leuchtenden Farben überzogen. Welchen Zweck die Sonnenpyramide tatsächlich hatte, ist unbekannt, doch exakt in der Mitte des Bodens hat man eine Höhle in Form eines vierblättrigen Kleeblatts entdeckt: vielleicht ein königliches Grabmal oder ein Allerheiligstes oder auch der Schoß der Menschheit, was ein Grund für den enorm großen Bau sein könnte.

Ebenso beeindruckend, wenn auch etwas kleiner, ist die Mondpyramide. Ihre Form spiegelt den Cerro Gordo wider, ein heiliger Hügel, der dahinter aufragt, ihre Lage am höchsten Punkt von Teotihuacán weist auf ihre Bedeutung hin. Bei Grabungsarbeiten in der Mondpyramide wurden menschliche Skelette entdeckt, Grabbeigaben aus Jade und Obsidian und die Überreste von

Tieropfern, darunter Pumas und Wölfe. Eine der neuesten archäologischen Entdeckungen ist ein geheimer Tunnel, der tief unter der Oberfläche vom Tempel zum Platz vor der Mondpyramide führt. Diese große Freifläche ist von zwölf kleineren Stufenpyramiden umgeben, die es 100.000 Menschen erlauben würden, an Opferritualen teilzunehmen.

Die breite Calle de los Muertos (Straße der Toten) bildet eine die Stadt teilende, in nordsüdlicher Richtung verlaufende Achse, die auch die Haupttempel miteinander verbindet und 4 Kilometer lang ist. Seinen Namen erhielt dieser Boulevard von den Azteken, da sie die Erdhügel und Gebäude, die die Straße flankieren, für Grabmäler hielten. Archäologen gehen allerdings davon aus, dass es sich um Tempelplattformen und Paläste handelt.

Eines der eindrucksvollsten Monumente Teotihuacáns ist die Ciudadela, eine königliche Residenz, zu der ein weiter, versunkener Platz ebenso gehört wie der gestufte, mit Skulpturen geschmückte Tempel der Gefiederten Schlange. Diese Kreatur, eine der wichtigsten Gottheiten im alten Mexiko, wurde später von den Azteken in Quetzalcoatl umbenannt. Es ist wahrscheinlich, dass sie erstmals in Teotihuacán auftauchte. Über 200 Menschen sollen während der Errichtung der Ciudadela geopfert und in Gruppen an strategischen Punkten aus völlig unbekannten Gründen begraben worden sein. Die Wandmalereien in Teotihuacán – sie stellen meistens Götter, Opfer und Krieger dar – lassen den Schluss zu, dass die Bewohner dieser Stadt furchterregende Krieger waren. Man nimmt an, es sei ihnen bei den Schlachten nicht um die Eroberung von Terrain gegangen, sondern darum, Gefangene zu machen, die dann geopfert wurden, um die Apokalypse abzuwehren. Gemessen am restlosen Niedergang dieser bemerkenswerten Stadt scheint der Blutdurst Teotihuacán letzten Endes wenig Glück gebracht zu haben.

| | |
|---|---|
| Was? | Wasserfall, in dem die Badenden die Segnungen der Muttergottes und von Voodoo-Geistern suchen |
| Wo? | Haiti |

# SODO

DER WASSERFALL – Saut-d'Eau auf Französisch, Sodo auf Kreol – braust. Überall sind Menschen, klettern über rutschige Felsen in den von Lianen umrankten Wasserbecken, binden Stoffstreifen an die überhängenden Äste. Manche sitzen im seichten Wasser und lassen den kühlen Wasserfall über ihre nackten Oberkörper fließen. Andere waschen sich mit energischen Bewegungen, reiben ihre Haut mit Seife und abgerissenen Blättern ein. Eine Frau mit wirrem Blick schlägt um sich und jammert. Sie ist besessen. Das ständige Wasserrauschen mischt sich mit eindringlichen Trommelschlägen, Trompetenklängen und hypnotisierenden Gesängen. Kerzen brennen, ihr Wachs rinnt über die Felsen, während Rumflaschen herumgereicht werden, aus denen alle einen kräftigen Schluck nehmen. Alle scheinen berauscht, obwohl nicht ganz klar ist, ob das vom Rum kommt oder den Segnungen der Vierge Miracle, der Wunderbaren Jungfrau. Die göttliche Erscheinung, heilig den Katholiken und den Voodoo-Anhängern, ist eine mächtige Präsenz an dieser Kaskade. Und jeder, der hier badet, hofft auf ihren je konfessionsgerechten Segen.

Haiti tanzt nach seinem eigenen Rhythmus. Das Land auf der westlichen Hälfte der Insel Hispaniola (die östliche nimmt die Dominikanische Republik ein) wurde 1804, nach einer erfolgreichen Revolution gegen die französischen Kolonialherren, die erste von Farbigen regierte Republik. Dieser bahnbrechenden Unabhängigkeit waren jedoch Jahrhunderte der Kolonialisierung vorausgegangen. In dieser Zeit wurden ganze Schiffsladungen voller westafrikanischer Sklaven in die Karibik verschleppt, wo sie auch gezwungen wurden, den Katholizismus anzunehmen. Ihre ursprünglichen religiösen Praktiken – im Wesentlichen die Verehrung eines

großen Pantheons von Ahnengeistern – wurden verboten und in der Folge entweder heimlich ausgeübt oder mit dem Christentum verwoben. Ihre alten Gottheiten traten fortan in katholischer Heiligenverkleidung auf, und Teile der Liturgie wurden so abgewandelt, dass sie die alten Gebete ersetzen konnten, die gezwungenermaßen irgendwo auf dem Atlantik verlorengegangen waren. Und selbst von den Traditionen der Arawak, den karibischen Ureinwohnern, wurden Teile übernommen. Das Ergebnis: haitischer Voodoo – ein eklektisches, synkretistisches, unverwechselbares Sammelsurium, das zu einer Religion geworden war.

Der Schöpfergott dieser monotheistischen Religionshybride ist Bondyè – vom französischen *bon dieu,* guter Gott –, der für die universelle Ordnung und das Schicksal der Menschheit verantwortlich ist. Doch Er ist ein Wesen in unendlicher Ferne und viel zu allmächtig, als dass Menschen direkt mit Ihm in Kontakt treten könnten. Also beten Voodooisten zu den *Loa* (Geistern), die als Mittler zwischen Bondyè und den Menschen fungieren.

Eingeteilt werden die Loa in drei *Nachons* (kreolisch für Nationen): Rada, die ihren Ursprung in den westafrikanischen Religionen haben, sind vorwiegend freundliche und schöpferische Kräfte, die mit der Farbe Weiß in Verbindung stehen. Aus der Neuen Welt und der Sklaverei stammen die Petro: junge, zornige, kriegerische Geister, verbunden mit den Dunklen Künsten und der Farbe Rot. Die schwarzen Ghede gehören zu Geburt, Tod und Sexualität. Sie tragen die Seelen der Verstorben, sind aber auch dafür bekannt, anzüglich und respektlos zu sein und obszöne Witze zu reißen.

Das im Juli stattfindende Sodo-Fest ist ein Abbild des spirituellen Cocktails in Haiti. Als heilig gilt der donnernde Wasserfall im Dschungel seit 1849. Damals soll ein weiblicher Geist bei einem Baum erschienen sein. Als die Vision wieder schwand, heißt es, wäre ihr schönes Gesicht auf einem Palmblatt sichtbar geblieben. Und als dieses Palmblatt vom Baum fiel, wäre es auf einem anderen erschienen. Von nun an kamen die Menschen hierher, um dieses übernatürlich Phänomen mit eigenen Augen zu sehen, kleine Opfergaben zu hinterlegen und zu beten.

So viel Aberglaube rief natürlich die Missbilligung der katholischen Priester hervor. Einer von ihnen soll besagten Baum gefällt haben – und noch am selben Tag unter ungeklärten Umständen gestorben sein. Als sich die Gläubigen daraufhin einem anderen Baum zuwandten, kam neuerlich ein Priester und fällte ihn. Auch dieser starb bald darauf. Schließlich wurde in dem benachbarten Dorf Ville Bonheur eine Kirche errichtet, die den Ruf des Wasserfalls als Ort der Wunder endgültig festigte. Mittlerweile sind es Tausende Gläubige, die einmal im Jahr nach Sodo kommen, um zu beten.

Die Erscheinung im 19. Jahrhundert soll Unsere Liebe Frau auf dem Berge Karmel gewesen sein, weshalb der Höhepunkt des Fests am 16. Juli stattfindet. Doch die katholische Schutzpatronin hat in dem Loa Erzulie Dantor ein Voodoo-Gegenstück. Erzulie Dantor ist der Loa der Mutterschaft, eine starke, dunkelhäutige Kriegerin und mächtige Beschützerin der Kinder. Dargestellt wird sie oft in Form der Schwarzen Madonna von Tschenstochau, ein Gemälde, das polnische Soldaten während der Revolution nach Haiti gebracht hatten. In manchen Voodoo-Zweigen wird sie als vollbusige Dame mit einer Narbe auf der Wange dargestellt, die in einer Hand ein Baby und in der anderen ein Messer hält. Sie ist außerdem die Göttin der Flüsse, Seen und Wasserfälle und in der Lage, Frauenkrankheiten zu kurieren. Viele Frauen, die nach Sodo kommen, lassen deshalb Teile ihrer Unterwäsche als Opfergaben zurück und bitten um Fruchtbarkeit.

Das Fest beginnt mit einer Messfeier in der Kirche von Ville Bonheur, bevor eine lebhafte, von Rara-Musikern angeführte Prozession zum Wasserfall zieht. Rara ist eine für Haiti typische Musik bei Prozessionen, wobei hauptsächlich *Vaksen* (Bambus- oder Metalltrompeten), *Maracas* (Rumbakugeln) und *Güiras* (ein Schrapinstrument) gespielt werden und Lieder in Kreol gesungen werden.

Beim Wasserfall angekommen, entledigen sich die Gläubigen ihrer Kleider und vollführen eine ganze Palette an Ritualen. Stoffstreifen in Rot oder Rosa und Blau (die Lieblingsfarben der Erzulie) werden um die Taillen getragen und dann an Äste gebunden, um Unglück abzuwenden. Danach baden die Pilger, trinken Rum und Kokoswasser, zünden Kerzen an und gießen sich mit zeremoniellen Flaschenkürbissen Wasser über den Kopf. Und viele hoffen auf die höchste aller Segnungen: vom Geist der Erzulie selbst besessen zu werden.

| | |
|---|---|
| Was? | Himmlisch hoch gelegener See in den Bergen, wo die Existenz der Inka ihren Ausgang nahm |
| Wo? | Peru (Osten) und Bolivien (Westen) |

# TITICACASEE

EINE KÜHLE Brise kräuselt die Wasserfläche, die von reflektierenden Sonnenstrahlen so intensiv glitzert, dass man kaum hinsehen kann. Selten erlebt man ein solch blaues Lodern: der See in Ultramarin, der Himmel in Kobalt – ein optischer Ansturm aus blauflammenden Aquamarin- und Saphirtönen. Ein paar Vögel zwitschern in den verkrüppelten Bäumen und ein Boot aus Tortora-Schilf zieht träge vorbei. Grasbewachsene Hügel und Felder reichen bis ans Ufer, und in weiter Ferne erhebt sich ein Wall aus hohen Bergen in den Himmel. Man schnappt nach Luft, unsicher, ob das an der sauerstoffarmen Höhe liegt oder an diesem atemberaubenden Anblick. Vielleich aber liegt es auch daran, dass man hier über jenen Kessel blickt, in dem alles Leben entstand.

In den Anden, an der Grenze zwischen Bolivien und Peru, schimmert der Titicacasee auf der windgepeitschten Altiplano-Hochebene in einer Seehöhe von rund 3.800 Metern. Der größte See Südamerikas ist 190 Kilometer lang, bis zu 80 Kilometer breit und erreicht eine Tiefe von 280 Metern. Doch er ist mehr als seine beeindruckenden Maße: Für die Inka war der Titicacasee die Wiege der Menschheit.

Das präkolumbianische Volk der Inka tauchte um 1200 auf und beherrschte bald darauf einen guten Teil des Kontinents. Eine ihrer zentralen Gottheiten war der Schöpfergott Wiraqucha. Entsprechend den Inka-Legenden war es Wiraqucha, der, als alles noch Leere war, aus dem Titicacasee stieg und die Erde und den Himmel formte. Danach schuf er Tiere und, indem er Leben in Steine hauchte, eine Rasse aus Felsriesen. Was er vergessen hatte, war das Licht, weshalb die steinernen Giganten in geistloser Dunkelheit dahinvegetierten. Sie gingen ihm mit der Zeit derartig an die Nerven,

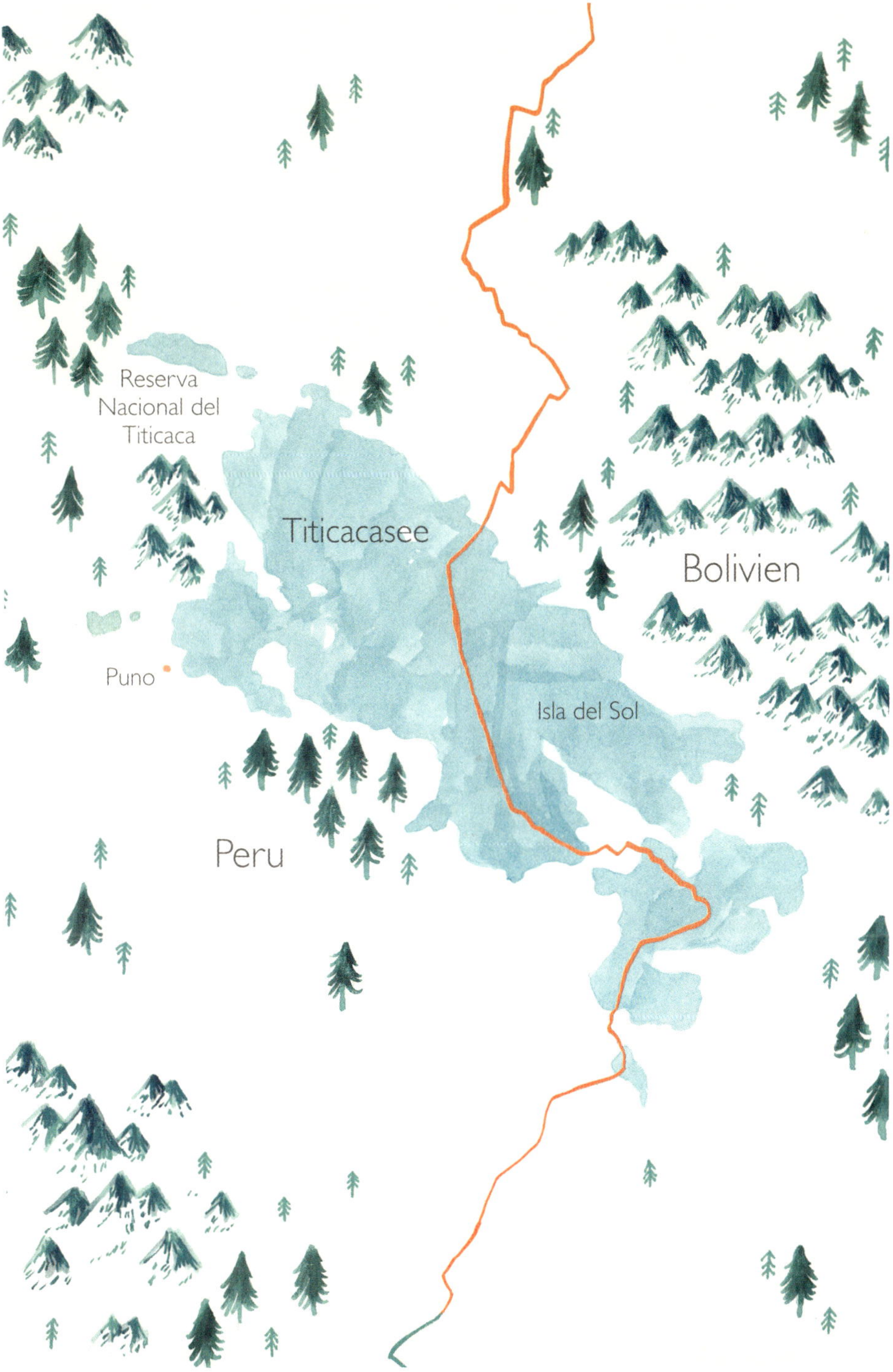
Reserva
Nacional del
Titicaca
Titicacasee
Bolivien
Puno
Isla del Sol
Peru

dass er sie mit einem allmächtigen Sturm vom Erdboden blies. Danach versuchte er es neuerlich, nahm aber diesmal Ton, um eine neue Menschheit zu schaffen, und gewährte ihr darüber hinaus Geschenke wie Sprache, Lieder, Kleidung und Landwirtschaft. Auch neue Tiere und Pflanzen schuf er. Danach nützte er die Inseln auf dem Titicacasee, um jene himmlischen Wesen zu schaffen, die fortan die Welt erleuchten sollten: Aus der Isla del Sol machte er die Sonne, aus der Isla de la Luna den Mond und aus der Isla Amantani die Sterne. Als sein Werk getan war, legte er die Kleider eines Bettlers an und trug sein Wissen in die Welt.

Der Titicacasee steht jedoch nicht nur im Zentrum der Inka-Schöpfungslegende der Menschheit, sondern auch in jenem der Legende von der Entstehung ihres Volks. Eine erzählt, der Gründervater-König der Inka, Manco Cápac, sei vom Sonnengott Inti aus den tintenschwarzen Tiefen des Sees ans Licht gehoben worden, eine andere, Cápac sei einem Felsen auf der Isla del Sol entstiegen. So wurde diese Insel im bolivianischen Teil des Sees zu einem religiösen Zentrum, zu dem Tausende Pilger aus dem gesamten Inka-Imperium kamen, um ihre Schreine zu besuchen. Zuerst mussten sie einige Tage betend auf der Copacabana-Halbinsel – ebenfalls ein heiliger Ort – verbringen, bevor sie auf die Insel übersetzten. Diese war nicht nur für ihre Tempel berühmt, sondern auch für ihren ausgezeichneten Mais. Viele Pilger nahmen deshalb Korn von der Isla del Sol mit nach Hause und erhofften sich damit gute Ernten für alle Zeit.

Die spanische Eroberung brachte Zerstörung und Plünderung über die Isla del Sol. Dennoch blieb sie ein Ort des Friedens und der Spiritualität. Es gibt hier keinen motorisierten Verkehr, nur ein Netz aus felsigen Wegen zwischen den Dörfern, Bauernhütten und Inka-Ruinen. Der heiligste Platz ist nach wie vor das Santuario, ein heute verfallener Baukomplex, in dem sich Titikala, der Pumafelsen, befindet. An dieser rosafarbenen Sandsteinplatte, nach der einst auch der See benannt wurde, soll Wiraqucha die Sonne geschaffen haben. In der Epoche der Inka wurden hier Gold, Federn und Muscheln als Opfergaben niedergelegt, Tier- und Menschenopfer dargebracht und komplizierte Rituale vollzogen. Die meisten Pilger durften das Allerheiligste nicht betreten. Selbst wer die mühevollen Wanderungen über die Anden auf sich genommen hatte, durfte auf Titikala nur vom *Intipunku* (Sonnentor) aus einen Blick werfen. Heute darf jeder ins Innerste des Tempels und seine Hand auf jenen Stein legen, von dem das Licht der Welt seinen Ausgang nahm.

| | |
|---|---|
| Was? | Abgelegene Vulkaninsel mit heiligen Skulpturen in Form rätselhafter riesiger Köpfe |
| Wo? | Pazifik, Chile |

## OSTERINSEL

ES SIEHT aus, als hätten sich die Götter ein heftiges Scharmützel geliefert. Auf den grünen Hängen dieser seit langem schlafenden Vulkane liegen Hunderte riesige, denkwürdige Köpfe und starren aus unerfindlichen Gründen in den Himmel. Es sind Moai, und sie sind überall. Manche stehen aufrecht, andere in prekären Neigungswinkeln, manche sind umgefallen, andere versinken im Boden. Eine Armee großer Krieger, geschlagen und dem Tod überlassen. Oder ein Friedhof der Götter. Man nähert sich einem der Giganten mit seiner enormen Adlernase und den schweren Brauen, die wirken, als würde er etwas sagen wollen. Doch was? Schwer zu erraten. Genauso schwer wie zu ergründen, warum sich eine kleine Gemeinschaft, die hier am Ende der Welt lebte, die Mühe gemacht hat, so viele dieser massigen Dinger zu schaffen. Welchen Zweck wollten sie damit erfüllen? Welche Götter wollten sie damit friedlich stimmen? Und was in aller Welt ging dabei so enorm schief?

Die Osterinsel weit draußen im Pazifik, rund 3.700 Kilometer vom Festland Südamerikas entfernt, ist einer der abgeschiedensten Orte der Erde. Und einer der rätselhaftesten. Man nimmt an, dass dieser kleine, zerklüftete Felsen, der aus drei erloschenen Vulkanen besteht, zwischen 400 und 800 n. Chr. erstmals von furchtlosen Polynesiern besiedelt wurde. Glaubt man den Legenden, so kamen die ersten Siedler aus dem Osten, und zwar von der mythologischen Insel Hiva. Hau Maka, der königliche Tätowierer, soll, so heißt es, einen Traum gehabt haben. Um neues Land für seinen König Hotu Matua zu finden, war seine Seele zu einer weit entfernten Insel gereist, die er *Te Pito o Te Henua* (Nabel der Welt) nannte. Als Hau Maka seinem König davon erzählte, wurde ein Suchtrupp

ausgesandt. Die Mission war erfolgreich, und so bestiegen der König und seine Königin samt Bediensteten ein Kanu, das mit Bananenschösslingen, Tarosetzlingen und Hühnern beladen war. Nach einer sechswöchigen Reise landeten sie am weißen Strand von Anakena an der Nordküste der Osterinsel. Eine königliche Residenz wurde errichtet und Hotu Matuas (*matua* bedeutet Vater) Nachfahren sollen mehr als tausend Jahre regiert haben.

Wie genau die Menschen von Hiva eine so lange Reise zu einem solch verschwindend kleinen Flecken im Ozean bewerkstelligt haben, ist unbekannt. Noch viel verblüffender aber ist, was sie nach ihrer Ankunft taten. Diese neuen Inselbewohner – die als Rapa Nui in die Geschichte eingingen – begannen, nachdem sich ihre Gemeinschaft einmal etabliert hatte, Skulpturen zu schaffen. Mit ihren *Toki* (Äxte aus Basalt) schlugen sie den weichen Tuffstein aus dem Boden und kreierten riesige, seltsame Statuen. Rund 900 Moai wurden aus dem Krater des Rano-Rarako geschlagen, die zwischen 2 und 20 Meter hoch sind und bis zu 40 Tonnen wiegen. Viele wurden danach quer über die Insel befördert und am Ufer auf *Ahus* (eine zeremonielle Plattform) aufgestellt. Wie diese Transporte durchgeführt wurden, ist ein weiteres Rätsel. Laut den Legenden waren die Priester in der Lage, die Moai mit *Mana* (spiritueller Energie) zu bewegen. Wahrscheinlicher ist, dass sie Holzschlitten verwendeten und jede Menge Menschenkraft.

Man geht davon aus, dass die Moai Teil eines Ahnenkults waren. Die Rapa Nui glaubten, die Seelen ihrer Vorväter würden noch lange nach deren Tod in ihrer Nähe bleiben und könnten notfalls um Hilfe gebeten werden. Wenn also ein wichtiges Clanmitglied starb, wurde ein Moai im Steinbruch hergestellt und auf einem Ahu beim Dorf aufgestellt, sodass er über die Lebenden wachen konnte. Manche dieser Moai trugen einen *Pukao*, einen Kopfaufsatz aus roter Gesteinsschlacke, oder hatten in den Augenhöhlen Augen aus weißem Korallenkalk. Öffnete man die Augen der Statue, weckte man die ihr innewohnende Kraft. Moai jedenfalls waren *tapa* (heilig) und ein Machtsymbol.

Da Mana durch die Moai weitergegeben wurde, entstand unter den Clans ein heftiger Wettstreit. Wer eine größere Statue als der Nachbar hatte, der konnte auch auf mehr Glück hoffen. Kein Wunder, dass bei kriegerischen Auseinandersetzungen auch die Moai der Gegner umgeworfen wurden. Die gesamte Gemeinschaft war wie besessen von den Statuen, was allem anderen schließlich zum

Verhängnis wurde. Alle Bäume waren gefällt worden, um die Moai transportieren zu können, sodass die Rapa Nui nichts mehr hatten, woraus sie sich Kanus hätten bauen können, um von der Insel zu entkommen. Die Statuen, die man ursprünglich zum Schutz der Menschen geschaffen hatte, waren zu ihrem Verderben geworden.

Allein auf die Osterinsel zu gelangen, ist ein Abenteuer – ein fünfstündiger Flug von Santiago de Chile, ein sechsstündiger von Tahiti. Ist man angekommen, kann man die Moai erkunden: die fünfzehn Statuen des Ahu Tongariki etwa, die Statuen am wunderschönen Anakenastrand oder die Freiluft-Werkstätte am Krater des Rano-Raraku, wo die Statuen entstanden.

Begegnen wird man auch dem kuriosen *Tangata manu*, dem Vogelmannkult, in dessen Zentrum der Schöpfergott Makemake steht. Dieser Kult wurde zur Hauptreligion, nachdem die Insel abgeholzt, die Bevölkerung auf ein Minimum dezimiert und die Verehrung der Moai verschwunden war. Zu dieser Zeit gab es auf der Osterinsel nur noch eine Nahrungsquelle, und das waren Zugvögel. Einmal im Jahr ernannten deshalb die wichtigsten Männer der Insel einen *Hopu* (einen jüngeren Untergebenen). Dieser musste für seinen Herrn zu der kleinen Insel Motu Nui schwimmen, um dort das erste Ei der Rußseeschwalbe zu finden und zu bergen. Jener wichtige Mann, dessen Hopu gewonnen hatte, wurde mit Geschenken überhäuft und verehrt. Der Hopu hingegen war froh, wenn er überhaupt überlebte. Viele ertranken, stürzten von Kliffen oder wurden von Haien getötet.

Das Zentrum des Vogelmannkults war Orongo, eine Caldera an der Südwestspitze der Insel. Nach wie vor sieht man hier die Ansammlung aus niedrigen, runden Steinbauten, aus denen das Kultdorf bestand. Man kann von hier auch auf das kleine Motu Nui jenseits der heimtückischen Wellen blicken und mit den armen Seelen fühlen, die diese verzweifelte Reise unternehmen mussten.

Bibliografische Information der Deutschen Nationalbibliothek:
Die Deutsche Nationalbibliothek verzeichnet diese Publikation
in der Deutschen Nationalbibliografie; detaillierte bibliografische
Daten sind im Internet über http://dnb.d-nb.de abrufbar.

Englische Originalausgabe:
*Inspired Traveller's Guide, Spiritual Places* © 2018 Quarto Publishing plc
Aurum Press Ltd, London
Designed by Paileen Currie und Jayne Martin-Kaye


Coverdesign: Marc Damm, Wien
Lektorat: Joe Rabl, Innsbruck
Satz und Umbruch: Barbara Sternthal, Wien

Printed in China

ISBN 978-3-7106-0225-2



Christian Brandstätter Verlag
GmbH & Co KG
A-1080 Wien, Wickenburggasse 26
Telefon (+43-1) 512 15 43-0
Telefax (+43-1) 512 15 43-231
info@brandstaetterverlag.com

#atlasspirituelleorte
www.brandstaetterverlag.com